実証
国際経済学

吉田裕司

日本経済評論社

はしがき

　国際経済学の実証研究をまとめた本書は、著者の研究論文の中から特に貿易データを活用した研究に絞り込んで、国際貿易ならびに環境経済学と国際金融にもまたがった研究論文をまとめています。そもそも貿易データを用いた研究を始めたのは学部からであり、大学院において国際金融を専攻する中では、為替レートの変化が貿易財価格に及ぼす「為替レートパススルー」の研究を行いました。大学教員になってからは、国際金融の研究を進める一方で、貿易データが最も活かされる国際貿易の実証研究に同時に取り組んできました。

　本書は大阪大学から博士号を授与された博士論文に加筆・修正を行ったものでありますが、元々は全て英文論文を基盤としています。今回、研究書をまとめるにあたり順風満帆とは言い難いものでしたが、新しい研究のための手を少し休めて立ち止まり、これまでの一連の研究を客観的に顧みる機会を与えて頂き、多くのことを学ぶことができました。明確なテーマに絞り込んだ研究書をまとめるために、著者の主要研究テーマである国際金融・ファイナンスを中心とした研究論文は本書には含めていません。本書で取り扱わなかった国際金融・ファイナンスの研究論文に関しては、これからの研究課題の一つとして研究書として取りまとめたいと考えています。

　本書をとりまとめるにあたり、著者一人だけの力で研究を進めてこられたわけではありません。お世話になった全ての方をここで掲げることはできませんが、以下の方々については特に記して謝辞に代えたいと思います。

　神戸大学でご指導頂いた大谷一博先生、大学院でご指導頂いた高木信二先生、九州産業大学で同僚であった大谷順彦先生には、著者を研究者として育

成して頂いたことに感謝しております。

　学部ゼミ時代に、簡単に分かる本を紹介して頂けるようにお尋ねした際、大谷一博先生から「学問に王道は無い」と叱責を頂いた経験が、今でも日々の研究姿勢を正す座右の銘となっています。その後、大谷ゼミではjournal論文を読む訓練を積ませて頂き、日米の輸出関数のBox-Cox変換係数と自己相関係数を最尤法で同時推定する実証分析を行いました。本書には、この当時のスピリットが散りばめられていると感じています。

　大学院の指導教官であった高木信二先生には、経済学の研究者として身につけなければならない経済学センスの必要性を教えられました。常に、一つ一つの研究論文の重要性・貢献度を端的に理解する力、複雑に変化していく国際経済を経済学のレンズを通して的確に理解する力、リアルタイムで研究が必要されているテーマを選択する力、どれもまだまだ鍛錬を続けなければならないと強く感じています。大学院時代・共同研究の期間・博士論文執筆期間を通して、高木先生からは研究者としてのあるべき姿を教えて頂きました。2012年に著者が滋賀大学に異動してから、2013年に博士論文を完成させるまでの間、高木先生から再びご指導頂けたことは幸運でありました（同年春に、高木先生はワシントンDCにあるIMF External Evaluation Officeに異動されました）。

　もう一人の大谷先生である大谷順彦先生は、筑波大学を退官されてから九州産業大学で教鞭を取られていたので、同僚と呼ぶにはおこがましいのですが、国際貿易理論の勉強会を通して、60年代・70年代に遡り多くの研究論文の背景や当時の議論までを含めて多くのご教授を頂きました。本書の研究の多くが、この研究会で学んだものによって支えられています。

　大阪大学から経済学の博士号を授与された日付は、阪神・淡路大震災からちょうど丸18年経った、2013年1月17日であります。とても感慨深い日付であります。修士課程を修了して、博士後期課程の一年目の終わりである1995年1月17日午前6時前に、阪神・淡路大震災が発生しました。当時、神戸市東灘区に下宿していた私も被災をしましたが、ごく自然にボランティア活動

を始めました。それから、避難所間の救援物資調整を行う「情報センター」代表、被災地の情報を全国各地に発信する「神戸復興新聞」編集長として活動した2年間の間、著者の研究活動は当然ながらとん挫してしまいました。やはり研究者の道を進みたいと再び強く願い、門前払いになる覚悟で、1997年1月に高木研究室を訪れました。2年間の音信不通で突然訪れた私を、これまでのことは一切不問にして、「これからがんばるんだね」の確認の一言だけで私を再び受け入れて下さったことに、今でも感謝しています。

　これまでの研究は単独ものばかりではなく、特に本書に含まれている共同研究においては、伊藤宏之、広瀬恭子、本間聡、各氏からは多くのことを学ばせて頂きましたことに感謝しています。本書の研究論文以外でも、須齋正幸、佐々木百合、杉本喜美子、高木信二、松木隆、Yin-Wong Cheung、Nuno Carlos Leitão、Jan C. Rülke、今は亡き Eileen Brook、各氏から共同研究を通して多くのことを学ぶ機会を与えて頂きましたことに感謝しています。また、データ整備などに協力して頂いた、黒木宏一、黒木（河内）美智子、野村悠介、松本恭輔、各氏には感謝しております。

　この研究書を出版するにあたり、滋賀大学経済学部出版助成からの支援を頂いたことに感謝を申し上げます。基盤となる研究を支援して頂いた、JSPS 科研費基盤(C) 20530227、基盤(C) 22530253、基盤(C) 23530308、基盤(C) 25380346、基盤(C) 26380295には感謝いたします。本書が出版のゴールに無事にたどり着いたのは、日本経済評論社の鴇田祐一氏の導きのおかげであります。

　大学の異動とほぼ同時に博士論文の準備を始め、福岡と関西を毎週往復する生活での博士論文執筆をした半年間、二人の子供を育てながら私を応援してくれた妻吉田志津に、多大な負担をかけたことの謝罪と特別の感謝を込めて本書を捧げたいと思います。

　2014年5月
　　国宝彦根城を眺める研究室にて

　　　　　　　　　　　　　　　　　　　　　　　　　　　　吉田裕司

目 次

はしがき i

第1章 国際経済学の実証研究 …………………………………………1
　1-1 貿易データ 2
　1-2 計量経済学の手法(パネルデータ分析) 5
　1-3 国際経済学の概念 6
　1-4 各章の概要 11

第2章 国際貿易と海外直接投資——米国市場におけるアジア諸国と日本の競争、中国は例外なのか？ 三カ国間貿易アプローチ——……………17
　2-1 はじめに 17
　2-2 アジア諸国間の経済リンケージ：貿易-FDI連鎖 19
　2-3 三カ国間貿易アプローチと関連分野 23
　2-4 データ 29
　2-5 ベースモデルによる実証結果 30
　2-6 産業レベル変数を用いた実証結果 34
　2-7 実証結果の考察 37
　2-8 結 論 40

第3章 国際貿易と国内地域の立地——国際貿易における国内異質性：外国経済成長が自国内地域の生産と輸出に与える影響——……………45
　3-1 はじめに 45
　3-2 理論モデル 49
　3-3 均 衡 56
　3-4 地域輸出と地域生産の推定モデル 58

3-5　日本の地域輸出の実証分析　60
3-6　結　論　66

第4章　国際貿易と輸出マージン——輸出バラエティの実証分析：国内の地域異質性——……………………………………………………………… 73

4-1　はじめに　73
4-2　国際貿易におけるバラエティ　76
4-3　国内地域における輸出バラエティの計測方法　78
4-4　データの説明　82
4-5　実証結果　83
4-6　結　論　91

第5章　産業内貿易と垂直的特化——産業内貿易、フラグメンテーション、輸出マージン：国内地域の国際貿易の実証分析——……………… 97

5-1　はじめに　97
5-2　産業内貿易と輸出マージン　101
5-3　日本と韓国の国際貿易の概観　109
5-4　日本と韓国間の国内地域別貿易　112
5-5　既存輸出産業の深化かバラエティの拡大か？　114
5-6　結　論　119

第6章　国際貿易と環境汚染——貿易に内在化された汚染収支の実証分析：産業構造と排出削減——………………………………………………121

6-1　はじめに　121
6-2　貿易に内在化された汚染収支（BEET）　124
6-3　国際貿易汚染の世界データベース　128
6-4　BEETの決定要因　133
6-5　所得、民主度、国際貿易における汚染　137
6-6　結　論　148

第7章　国際貿易と為替レート──為替レートパススルーの新しい証拠：国内港別の細分化貿易データの分析────────────153
  7-1　はじめに　153
  7-2　推定モデル　155
  7-3　データ　159
  7-4　推定結果　162
  7-5　頑健性の確認　167
  7-6　結　論　169

参考文献　175
索　引　185

第1章
国際経済学の実証研究

　国際経済学の分野は、実物経済を分析対象とする国際貿易（international trade）と金融的な側面を分析対象とする国際金融（international finance）の二つの領域に関わる。しかし、現実には、双方の領域はお互いの研究成果を必ずしも十分に反映せずに発展してきた。典型的な例として、国際貿易理論では、為替レートを明示的に考慮しないことが多い。例外はある。為替レートパススルーの分野がそうである。これは為替レートの変化が貿易財価格に与える影響を分析するもので、両領域にまたがる研究の数少ない例であろう。本書は、まさにこの貿易と金融の接点において、「実証国際経済学」の発展に寄与しようとする試みである。

　著者の研究テーマは、大阪大学大学院で最初に関心を持った為替レートパススルーの研究から始まり、その後、為替レートパススルーと密接な関係を持つ国際貿易の分野に広がった。本書は、著者の実証国際経済学に関わる主要な研究成果の一部をまとめ、博士論文として大阪大学から博士号（経済学）を授与されたものに、加筆・修正を加えたものである。

　本書は、貿易データベースを基盤とした実証研究として、国際貿易が企業立地ならびに産業構成に影響を与える側面に重点を置き、さらに国際貿易による環境汚染の国際間移転と、為替レートが国際貿易価格に与える影響を分析したものである。本章「国際経済学の実証研究」では、国際経済学における本書の貢献を明確にし、第2章「国際貿易と海外直接投資」では、二国間の海外直接投資が第三国の貿易にまで影響を与えることを分析する。第3章「国際貿易と国内地域の立地」では、海外市場の拡大が国内立地ならびに国内地域の国際貿易に影響を与えることを分析し、第4章「国際貿易と輸出マ

ージン」では、国内地域輸出の成長源泉が輸出マージン、すなわち既存産業の発展ならびに新規産業創出、に依存しているかを分析し、第5章「産業内貿易と垂直的特化」では、輸出マージンを要因とした日韓産業内貿易の拡大を分析する。第6章「国際貿易と環境汚染」では、国際貿易に内在する排出汚染の世界データベース構築と分析を行い、第7章「国際貿易と為替レート」では、同産業における国内地域別の為替レートパススルーに異質性があるかを分析している。

　本書は第3章の理論部分を除けば実証研究が中心であるので、次の第1-1節で本書の実証研究で用いた貿易データベースの説明を行い、第1-2節で計量経済学の手法（パネルデータ分析）の概念について簡易な説明をする。また、第1-3節で国際経済学の重要な概念を簡単に解説する。この節では、幅広く網羅的なサーベイを行うのではなく、第2章から第7章までのベースとなっている概念に焦点を置いた概説となっている。最後の第1-4節で、第2章から第7章の概要を説明する。

1-1　貿易データ

　貿易データには、二種類の国際的分類がある。一つは「商品の名称及び分類についての統一システム」Harmonized Commodity Description Coding System (HS) であり、もう一つは「標準国際貿易商品分類」Standard International Trade Classification (SITC) である[1]。本論文では、HS分類（関税対象品目の世界的な同一基準）のみを用いるので、以下その概略を説明する。HS分類には、「類」の2桁分類、「項」の4桁分類、6桁分類がある。細分類の6桁コードでは、最初の2桁が「類」を示し、最初の4桁が「項」を示す。世界各国に共通する部分は、6桁コードであるが、より詳細な分類については各国に委ねられている。日本では6桁に3桁を追加した9

---

1)　貿易データの分類に関しては、日本貿易振興機構（JETRO）のホームページが詳しい。

桁分類を使用しているのに対し、米国では4桁を追加した10桁分類になっている。

貿易データには、財務省や税関局等の各国の政府機関が提供する国単位のデータベースと、国際機関が提供する世界集約的なデータベースがある。国際機関が提供している貿易データには、OECDの *International Trade by Commodity Statistics* (ITCS)、IMFの *Direction of Trade Statistics* (DOTS)、国連の *Comtrade* などがある。本論文では、ITCSとDOTSを第2章で、*Comtrade* を第6章で用いる。

日本の財務省税関局は、HS9桁分類に基づいた品目別データを、貿易相手国別かつ数量・金額ごとに公開している。税関局が提供するデータは、国全体の貿易データに加え、輸出申告がされる税関支局別、すなわち国際港や国際空港別でもデータが入手可能である。本書では、国際港別の貿易データベースを3章、4章、5章、7章で用いる。

港別の貿易データを研究に用いる場合、港データをそのまま単体として用いるのか、あるいは複数の港を集計して用いるかの判断が重要になってくる。港データをそのまま用いる場合は、日本を100以上の地域に分割して分析できるという利点があり、同分類の製品であっても（工場の立地が異なる場合）企業別・モデル別の相違を明らかにできる可能性がある。第7章の為替レートパススルーの分析では、港の立地から企業別・モデル別の相違を調べるために、港別のデータをそのまま用いている。しかし、港データをそのまま用いることの利点がある一方で、貿易データ以外の変数を同様の地域分割で入手することは難しくなる。さらに、港を日本のある地点と解釈する場合に、分類上隣の地点からの貿易が混在することは避けられない。この隣接地域からの貿易の混在の影響をできる限り限定的にするためには、地域の定義をより広範囲にして複数の港を集計することが考えられる。第4章の輸出マージンの研究と第5章の産業内貿易の研究では、港データを都道府県別に集約して、実証分析が行われている。第3章の国内地域別の生産・輸出の研究においては、日本を9地域として港データを集計した分析を行った。

上述の貿易データを用いた分析においては、研究実施上の2つの問題がある[2]。一つ目は、データが詳細であることは利点であると同時に、データ変換やデータ管理を複雑にするという問題である。具体的には、第6章では国連の *Comtrade* により、世界すべての国の輸出入 HS 6桁分類データを相手国別に21年分のデータを作成するという必要が生じた。第4章では日本における100以上の関税支局ごとに相手国別輸出の HS 9桁分類データを18年分作成する必要があった。いずれの場合でも、原データベースで、データサイズが数ギガから十ギガ以上に及び、さらに、実証分析においてはさまざまな指標の構築をする必要がある。本書では、データ変換やデータ管理を円滑にするため、新たなソフトをプログラミング言語で開発することで対応した。

二つ目は、貿易産業コードと生産産業コードを対照させる問題である。貿易データだけを用いる場合は問題ないが、別の産業コードに基づく生産データを用いるときには、異なるコード体系間の対照表が必要となる。貿易と生産コードの対応については、国際機関が対照表を提供している場合にはそれを使った。このような対照表が存在しない場合には、自らの判断により対照表を作成した。具体的には、第2章での貿易 HS 分類と『海外企業進出総覧』の海外直接投資産業分類との対照表と、第3章での貿易 HS 分類と日本の国民経済計算（System of National Accounts、SNA）産業分類との対照表は、筆者によるものである。一方、第6章では、貿易 HS 分類と国際標準工業分類（International Standard Industrial Classification、ISIC）の対照表は国連によるものである。

---

[2] 以下の問題点以外として、各国の政府機関（おもに税関局）が提供するデータベースの多くは、ウェブ上で入手可能な場合もあるが、データ分析に適した形式にするためには苦労する場合が多い。また、限定した小さな容量のデータではあれば無料で入手できる場合もあるが、全データを入手しようとすると高額になる場合（米国）がある。

1-2　計量経済学の手法（パネルデータ分析）[3]

　本論文の分析対象は複数国間・複数産業間・複数年間の貿易であるので、データベースはパネル形式となる。そのため、計量経済学の手法としては、パネルデータ分析の二元配置誤差成分モデル（two-way error component model）を使い、誤差成分である個別効果をダミー変数として考える固定効果モデル（fixed-effect model）と、ランダム変数として考える変量効果モデル（random-effect model）の二通りの特定化を行う。特定化の選択は、変量効果モデルの一致性を帰無仮説とする Hausman 検定による。

　通常、被説明変数に自己相関がある場合、右辺に被説明変数の一期ラグ項を置くことにより、動学的パネルデータモデル（dynamic panel data model）とした上で、GMM（generalized moment method）により推定する必要がある。また、変数が非定常性を示す場合、パネル共和分の手法を用いる必要も生じる。しかし、本論文では、多くの場合、貿易変数は定常的であり、そうでない場合は一階差分を用いた。したがって、結果的に動学的パネルデータモデルもパネル共和分の手法も用いる必要はなかった[4]。実証結果の頑健性の確認をする際、被説明変数の自己相関が高ければ、変数を一階差分した推定も行った。第3章の同時方程式体系の推定では、完全情報最尤法を用いた。

3）　パネルデータ分析の詳しい研究書としては、Baltagi（2001）が有用である。
4）　Takagi and Yoshida（2001）では、時間軸の標本数が十分に多い場合、小標本推定においては GMM よりも固定効果モデルの方がバイアスが小さいことが指摘されている。また、本書では取り扱わなかったが、Yoshida（2005）では動学的パネルデータモデルで GMM 推定を行っている。

1-3　国際経済学の概念[5]

産業間貿易と産業内貿易

古典的な国際貿易の理論は、各国産業の相対的な生産性の違いに基づく Ricardo の比較優位理論と、各国の相対的生産要素賦存量および各産業の生産要素投入比率に着目する Heckscher-Ohlin の理論がある。古典的な国際貿易理論が説明しようとした側面は、例えば、農業国と工業国間の「産業間貿易」であった。二国間貿易を実証的に説明する gravity モデルは、それが各国の経済規模と正の関係があり、貿易費用と負の関係があることを頑健的に示してきた。gravity モデルは様々な貿易理論と整合的であるが、Anderson（1979）はそれが国際貿易モデルと整合的であることを示した初めての研究である。

一方、70年代に Grubel and Lloyd（1975）等によって指摘された事実は、二国間で同じ産業の製品を相互に輸出しあっていることであった。この現象を一つの国の視点から観測すると、同じ産業において輸出と輸入が同時に行われていることであり、これは「産業内貿易」と呼ばれる。産業内貿易を説明するモデルとして、Krugman（1979、1980）の新貿易理論は、規模の収穫逓増と独占的競争を基盤とした。このモデルで導入された Dixit-Stiglitz 型の効用関数は、消費者の効用がより多くの種類の財を消費することで高まるように定式化されている。第5章では、Grubel-Lloyd 産業内貿易指数を日本国内地域で計測した分析が行われている。

Gravity モデル

前述した貿易の実証モデルである Gravity モデルは、被説明変数を二国（以後、A 国と B 国とする）間の貿易量（金額）、説明変数として A 国と B

---

[5]　国際経済学全てのサーベイを行うことを目的としているのではなく、あくまでも第2章から第7章までの内容と関連の強い概念についての体系的な説明を目的としている。そのため、国際貿易論における重要な概念の説明が中心になっている。

国の所得と AB 二国間の距離を用いるのが標準的である。また、コントロール変数として、二国間の貿易障壁を示すダミー変数（共通言語か否か、自由貿易協定の有無、国境が陸続きか否か等）が良く用いられる。研究者によって様々な説明変数が導入されるが、それはあくまでも A 国と B 国の二国に限定した変数である。しかし、現実には AB 国間の貿易は、別の C 国の影響を受けるはずである。第三国の影響を分析するため、Anderson and van Wincoop（2003）は N 国一般均衡貿易モデルを解き、Gravity モデルには前述の説明変数に加えて、N 国の貿易費用から成る multilateral resistance 項が必要であることを示した。実証研究において厳密に multilateral resistance 項を計算するのは複雑であるため、Feenstra（2002）は輸出国と輸入国の固定効果を用いることで代替できることを主張した。第 2 章では、第三国の二国間貿易への影響を誘導形ではなく、Gravity モデルの説明変数に第三国変数を導入する「三カ国間貿易アプローチ」を提案した。

貿易と企業の生産性

　一方、企業レベルのマイクロデータを用いた実証分析では、輸出企業の生産性の高さが注目されてきた。Bernard, Eaton, Jensen, and Kortum（2003）は、アメリカの20万近くの工場データを用いて、輸出を行う工場の生産性が高いことを示した。特に議論の対象となったのは、輸出経験から生産性が高まるのか、元々生産性が高い企業が輸出企業になるのかの、貿易と生産性の因果性の方向であった。

　このような背景の中、輸出企業の高い生産性を説明する新たなモデルが Melitz（2003）によって提唱された。Krugman（1980）の新貿易理論では産業内全ての企業が同質の生産性を持つことが仮定されていたが、Melitz（2003）では企業の生産性に異質性が導入された。このモデルでは、国内市場における固定費用と、輸出における固定費用の存在によって、最も生産性の高いグループの企業は輸出企業となり、国内と海外の両方の市場に供給を行う。一方、生産性の高さが中間のグループの企業は国内市場のみに供給を

行い、最も生産性が低いグループの企業は国内市場からも撤退する。

　貿易と企業の生産性の議論に関しては、別の側面からの実証分析結果が報告されている。第一に、輸入の浸透度（import penetration）の高い産業では、国内企業が厳しい競争にさらされる結果、生き残った企業は生産性が高くなることが指摘されている（MacDonald, 1994やGaldon – Sanchez and Schmitz, 2002）。第二に、外国企業の子会社が国内に進出している産業では、管理手法等も含めた広い意味での技術がスピルオーバーすることで、国内企業の生産性も高まることが指摘されている（Javorcik, 2004）。すなわち、輸入や直接投資の流入により国内産業の生産性が高まる可能性が指摘されている点は、Melitzモデルの生産性が高い企業が輸出企業になるロジックと矛盾はしないが、別の視点を提供していると考えるべきである。

貿易と海外直接投資（生産拠点）

　上記で直接投資流入が国内企業へ与える効果に言及したが、海外進出を考慮している企業の視点からは、海外直接投資（現地生産）は輸出（国内生産）と代替的な方法となる。Blonigen（2001）は、輸出と直接投資が代替的か補完的かについての実証分析を行い、代替性の関係を支持する実証結果を得ている。しかし、垂直的な関係にある製品では必ずしも代替的ではない。例えば、国内で生産した部品を現地子会社向けに輸出して、現地の組み立て工場で完成品を生産する場合では、直接投資と部品輸出に補完的な関係が生じる。Yamawaki（1991）やHead and Ries（2001）では現地生産（すなわち直接投資）と輸出の間に補完的関係を確認している。ただ、貿易と直接投資の関係を、二国間だけでなく複数国間に拡張すると、より多様なパターンが生じることに留意しなければならない。本書の第2章では、三カ国間貿易アプローチを提唱して、米国・日本・アジア諸国間の貿易・直接投資関係を分析している。

　海外直接投資は企業の国際的な移動であるが、貿易理論モデルでは生産要素は国際間では移動しない前提で議論が展開されている。しかし、生産要素

の国際間移動も考慮した空間経済学の理論モデルが Fujita, Krugman, and Venables（1999）によって提唱された。例えば、労働者が国際間を移動することが可能であれば、より高い実質賃金が得られる国に移動する。企業設立に労働者を必要とするのであれば、同様に企業の国際間の立地にも影響を与え、全ての企業が一国に集積するような均衡が得られる場合もある。本書の第3章では、この空間経済学の要素を組み入れた国内二地域の枠組みで、輸出企業が国内の立地を選択して輸出する理論モデルの構築と実証研究を行っている。海外直接投資による自国と外国の生産拠点の選択と同様に、第3章は国内地域間の生産拠点の選択に着目している。

企業内貿易とフラグメンテーション

Heckscher-Ohlin 理論では、各国の生産要素の相対的賦存量に応じて、国内で生産される産業が決定されることについて議論された。例えば、労働集約的産業は労働が相対的豊富な国で生産される。しかし、ある産業の生産プロセスを細かく分断すると、それぞれの生産工程ごとに生産要素集約度が異なるため、生産工程ごとにどの国で生産するかという考え方に拡張できる。例えば、既に技術が普及している部品は東南アジア諸国で生産して、最新の技術を盛り込んだ部品は日本国内で生産し、最終的な組み立ては中国で行うような場合がある。このような生産工程を各国に振り分けるような生産方法を「フラグメンテーション（fragmentation）」と呼び（Jones, 2000)、結果として国際的な生産ネットワークが構築される（Koopman, Powers, Wang, and Wei, 2011)。

この生産工程の一部を各国の現地企業に生産を受託する場合は「アウトソーシング」であるが、直接投資による海外子会社によって生産工程の一部を行う場合は「企業内貿易」となる。いずれの場合でも、輸入した部品を加工・組み立てして輸出した場合には垂直的貿易であり、国レベルでのこの程度を「垂直的特化（vertical specialization）」と呼んでいる（Hummels, Ishii, and Yi, 2001)。

第5章では、貿易データを都道府県レベルに限定できたことで、通常の産業内貿易指標が、垂直的特化や企業内貿易の一部を捉えやすくなっていることを指摘している。

貿易成長と輸出マージン

新しい貿易理論モデルと古典的な貿易理論モデルでは、貿易成長の源泉において大きな違いがある。貿易額の成長率は、既に貿易している製品の貿易額の成長率（集中マージン）と、新しく貿易を始めた製品の貿易額の成長率（拡張マージン）に分解できる。集中マージンと拡張マージンの計測方法は、Feenstra（1994）とHummels and Klenow（2005）によって確立され、古典的貿易モデルにおける貿易成長が集中マージンの増加のみに依存している一方で、新しい貿易モデルにおける貿易成長は拡張マージンの拡大のみに依存していることが指摘された。本書の第4章では日本の都道府県の集中マージンと拡張マージンの計測を行い、第5章では集中マージン並びに拡張マージンと産業内貿易の関係を分析している。

環境汚染と貿易

以上の分野は国際貿易論の中心のテーマであるが、他の経済学分野と関連するテーマとして、環境経済学・国際金融論との関係も重要である。貿易が環境と強い関係を持つのは、国内の生産活動により排出される汚染物質が必ずしも国内の需要のためではないことにある。国際的な環境汚染の削減を達成するためには、単純に汚染排出の発生国に責務を問うのではなく、汚染排出を発生させる原因となる需要を生み出す国への規制が重要かもしれない。別の表現をすれば、輸出というのは、その内在化された汚染排出を需要国に代わり自国で負担していることにすぎない（Antweiler, Copeland, and Taylor, 2001）。本書の第6章では、貿易に内在化された汚染排出の世界データベースを作成して、各国汚染収支の分析を行っている。

国際金融と貿易財価格

　貿易が国際金融の分野と関わるのは当然である。異なる通貨を使用する国の間では為替レートが決定されて、その為替レートの水準により貿易財価格・貿易量が影響を受けるからである。不完全競争を取り入れた産業組織論モデルを用いた Dornbusch（1987）と Krugman（1987）では、輸出企業の利潤最大化に基づく輸出価格設定行動が、不完全な為替レートパススルー（為替レートの変動よりも小さい現地建て輸出価格の変動）を生み出すことが示された。一方実証研究では、輸出国・輸入国・貿易製品の違いが、為替レートパススルーの水準に影響を与えることが示されてきた。本書の第7章では、同一国内からの輸出でも、生産地域の違いが為替レートパススルーに与える影響を分析している。

1-4　各章の概要

　本節では、各章の主要な内容の要約を解説する。まず、第2章『国際貿易と海外直接投資 − 米国市場におけるアジア諸国と日本の競争、中国は例外なのか？三カ国間貿易アプローチ −』では、三カ国間の枠組みにおいて、中国の対米輸出が、日本の対中輸出・対中投資・対米輸出から受ける影響を分析している。この章の目的は、自国企業の国際的な生産拠点の選択が、他国の貿易に与える影響を明確にすることである。まず、企業が海外市場へ進出する際、国内で生産して輸出する方法と、現地で生産して販売する方法を選択する。具体的な例として、自動車メーカーは、国内工場で生産したモデルの対米輸出と、米工場で生産したモデルの現地販売の両方を行っている。このような生産拠点の選択が、自国のみの貿易だけでなく、多くの国の貿易にも影響を与えていると考えられる。本章の特徴は、輸出入国の二国間枠組みでなく、三カ国間の枠組みで、輸出と海外直接投資が補完的（あるいは代替的）であるかを実証的に分析することである。具体的には、日本とアジア諸国が米国市場において競合関係（または補完的関係）にあるのか、三カ国間

貿易アプローチ（triangular trade approach）の枠組みを用いて実証分析した。重要な結果は、日本の対中直接投資が、中国の対米輸出を促進させることを示したことである。

　第2章が国際的な生産拠点の立地を主題としていたのに対して、第3章『国際貿易と国内地域の立地－国際貿易における国内異質性：外国経済成長が自国内地域の生産と輸出に与える影響－』では、海外市場への販売を考慮する、製造業企業の国内立地の選択を考察している。国際貿易が、比較優位を持つ産業へ特化させて、「産業構造」に影響を与えることの研究分析は多く行われている。しかし、国際貿易が製造業の国内「立地構造」にも同様に影響を及ぼすが、国内立地を考慮した国際貿易の実証研究は限られている。本章では、国際貿易が製造業の国内立地構造に影響を与える理論モデルを考察して、日本国内地域の貿易データを活用した実証分析を行っている。具体的には、国内地域の gravity-model 型の輸出関数と国内地域生産関数の同時推定が行われている。その結果、理論モデルと整合的な実証結果が得られ、外国経済成長が全地域の輸出を一律に促進させる一方で、地域の生産に非対称的な影響を及ぼすことが示された。

　第3章では国内地域別の輸出の大きさに注目したが、第4章では地域別の輸出マージンに着目した。第4章『国際貿易と輸出マージン－輸出バラエティの実証分析：国内の地域異質性－』では、古典的な国際貿易理論における特化産業規模の拡大と、新しい貿易理論における貿易財種類の拡大と、国内地域輸出において、どちらがより重要であるかを考察した。Hummels and Klenow（2005）で提唱された輸出マージンでは、輸出の成長を、既存の輸出財の成長（集中マージン）と、新規の輸出財の拡大（拡張マージン）の二つに分解している。輸出の成長は、古典的な貿易理論では集中マージンのみを通して、新しい貿易理論では拡張マージンを通してのみ実現される。世界各国のクロスセクションの分析では、拡張マージンが集中マージンより重要であることが示された。本章では、集中マージンと拡張マージンを国内地域で計測して、国内地域輸出に重要な要因を分析した。結論としては、国内地

域に限定した場合でも、拡張マージン（輸出財の種類が拡大すること）が輸出の成長につながることが示された。

第5章『産業内貿易と垂直的特化－産業内貿易、フラグメンテーション、輸出マージン：国内地域の国際貿易の実証分析－』では、第4章で考察した輸出マージン（集中マージンと拡張マージン）を用いて、日韓貿易における産業内貿易と輸出マージンの関係を考察した。本章の背景には、同じ産業について輸出と輸入が観測される産業内貿易も、輸出を規模の拡大と種類の拡張に分解する輸出マージンも、同様に新しい国際貿易理論を基盤としていることにある。さらに、企業の生産ネットワークが国際的に分業化（fragmentation）されるようになり、各国が生産プロセスにおいて垂直的特化（vertical specialization）をしていることが指摘されている。すなわち、産業内貿易でも、特に垂直的な関係がより重要になってきている。本章の特徴は、国内地域に限定した産業内貿易を用いることで、間接的にこの垂直的特化の側面を捉えようとしている方法にある。本章の実証分析からは、都道府県別に計測した対韓国との産業内貿易が、国内地域の輸出マージンの影響を受けていることを示した。

第3章から第5章が国内地域の詳細な貿易に重点を置いていたのに対して、第6章では世界全体の詳細な貿易データを活用することに力点を置いた。第6章『国際貿易と環境汚染－貿易に内在化された汚染収支の実証分析：産業構造と排出削減－』では、貿易に内在している汚染排出を計測した世界データベースを作成して、貿易による汚染収支の要因分析を行っている。生産活動には汚染排出が伴うため、国内の生産以上に消費を行う国は、外国での汚染排出を間接的に需要している。すなわち、環境問題の対策を検討する際には、一国の生産ベースから計測する汚染排出量ではなく、消費ベースで汚染排出量を正しく計測する必要がある。輸出財の生産によって排出される汚染は、自国の消費のためではなく他国の消費のためである。そのため、消費ベースの公平な観点に基づき、貿易財の生産から生じる汚染排出量世界データベースを構築することは重要である。本章では、世界の150カ国

以上の21年間（1988-2008）の輸出入の生産時に排出された汚染物質（SO_2, NO_2, CO）の計測を行い、貿易財生産に伴う汚染排出量の世界パネルデータの構築を行った。さらに、この世界パネルデータを用いて、汚染排出貿易収支（the balance of pollution emission embodied in trade、BEET）と、所得水準並びに民主化水準との関係の推定を行った。その結果、先進国では、汚染排出を抑制する技術の進歩により、BEETが低下していることが示された。

第2章から第6章までは貿易額（量）の分析であったが、第7章では貿易価格に着目している。第7章『国際貿易と為替レート－為替レートパススルーの新しい証拠：国内港別の細分化貿易データの分析－』では、為替レートの変化に対する輸出価格の反応に着目して、同じ産業においても貿易港別に異なる価格設定行動をしているのかを考察した。為替レートの変化が貿易財価格にもたらす影響は為替レートパススルーと呼ばれ、国際間の価格差の原因、国内のインフレーションに及ぼす影響、貿易収支に与える影響と密接な関係がある。本章では、主要な五大港における国内地域別輸出の為替レートパススルーを分析した。主要な結果としては、これまでの先行研究がパススルーに与える要因として挙げてきた輸出国・輸入国・輸出製品の違いだけでなく、国内生産地の違いもパススルーに影響を与えることが示された。

なお、それぞれの章の原典は以下の通りである。第2章は、How do the Asian Economies Compete with Japan in the US Market, China Exceptional? A Triangular Trade Approach, *The Asia Pacific Business Review*, 2006, Vol. 12, No3, 285-307。第3章は、Intra-National Regional Heterogeneity in International Trade：Foreign Growth on Exports and Production of Domestic Regions, *Kyushu Sangyo University Discussion Paper Series*, 2012, No.54, 1-27。第4章は、An Empirical Examination of Export Variety：Regional Heterogeneity Within a Nation, *World Economy*, 2011, 34 (4), 602-622。第5章は、Intra-Industry Trade, Fragmentation and Export Margins：An Empirical Examination of Sub-regional International Trade,

North American Journal of Economics and Finance, 2013, 24(1), 125-138。第6章は、An Empirical Investigation of the Balance of Embodied Emission in Trade：Industry Structure and Emission Abatement, *Kyushu Sangyo University Discussion Paper Series*, 2012, No.57, 1-29。第7章は、New Evidence for Exchange Rate Pass-through：Disaggregated Trade Data from Local Ports, *International Review of Economics and Finance*, 2010, Vol.19, 3-12。

　これらの論文の共著者の伊藤宏之（第2章）、広瀬恭子（第3章）、本間聡（第6章）各氏には共同研究の成果を本書に掲載することの承諾を頂いた。

第2章
国際貿易と海外直接投資[*]
―― 米国市場におけるアジア諸国と日本の競争、
中国は例外なのか？三カ国間貿易アプローチ ――

2-1 はじめに

中国にとって香港を除けば、日本と米国が最も重要な貿易相手国であり、その重要性は90年代においてさらに高まっている。中国が開放政策を開始するまでは、香港が中国と海外諸国との仲介役（middle man）としての重要な役割を担ってきた（Fung and Iizaka, 1998）。確かに1992年のデータによると、香港は中国の輸出入の両方において最大の貿易相手国となっている（貿易金額ベース、表2-1参照）。もちろん、近年においては中国の自由化の進展とともに香港の仲介役としての役割は低下して、中国が海外諸国と直接に貿易をするように変化してきた。しかし、香港を経由した間接的な中国との貿易量が、中国との直接的な貿易量に比例していると仮定すると、日本と米国は中国にとって90年代をとおして最も重要な二大貿易相手国であったと主張できる。1992年から2000年において中国の輸入は、日本からは137億ドルから415億ドルへ3倍になり、米国からは89億ドルから224億ドルへと2倍以上に拡大した（表2-1参照）。同時期において中国の輸出は、日本向けが117億ドルから416億ドルへ約4倍に、米国向けが86億ドルから521億ドルへと6倍以上へと拡大した。

本章においては、日中米三カ国間の貿易関係のダイナミクスを分析することが目的である。我々が「三カ国間貿易」と名称をつけた分析枠組みでは、

---

[*] 共同研究成果の一部を本書に掲載することを快く許諾して頂いた伊藤宏之氏に感謝する。本章の中国に関する記述は、本章のベースとなった論文のYoshida and Ito（2006）を校了した2005年秋時点であることに留意されたい。

表2-1　中国の主要貿易相手国

(単位1,000ドル)

輸入

		1992		1995		1998		2000
1	香港	20,533,589	日本	29,004,529	日本	28,275,074	日本	41,509,675
2	日本	13,682,461	米国	16,118,291	米国	16,883,171	台湾	25,493,561
3	米国	8,900,735	台湾	14,783,944	台湾	16,631,051	韓国	23,207,406
4	台湾	5,865,971	韓国	10,293,234	韓国	15,014,348	米国	22,363,148
5	ドイツ	4,015,042	香港	8,590,713	ドイツ	7,020,657	ドイツ	10,408,731
	世界	80,585,333	世界	132,083,539	世界	140,236,807	世界	225,093,731

輸出

		1992		1995		1998		2000
1	香港	37,512,229	香港	35,983,427	香港	38,741,792	米国	52,099,220
2	日本	11,678,713	日本	28,466,685	米国	37,947,666	香港	44,518,285
3	米国	8,593,800	米国	24,713,498	日本	29,660,114	日本	41,654,314
4	ドイツ	2,447,990	韓国	6,687,805	ドイツ	7,354,309	韓国	11,292,364
5	韓国	2,404,912	ドイツ	5,671,451	韓国	6,251,516	ドイツ	9,277,790
	世界	84,940,062	世界	148,779,565	世界	183,809,065	世界	249,202,551

出所：OECD, *International Trade by Commodity Statistics.*

日本の対中国貿易および海外直接投資が、中国の対米輸出にどのような影響を与えるのかを探求する。さらに中国が特異なのかを明らかにするために、他のアジア7カ国に「三カ国間貿易」アプローチを同様に適用して、アジア諸国と日本の間の貿易と海外直接投資が、アジア諸国の対米輸出にどのような影響を与えるかを分析する。この章において今後は、中国とアジア諸国を便宜上「第三国 (third countries)」として呼ぶことにする。

「三カ国間貿易」の枠組みでは、第三国の対米輸出を被説明変数として、日本の対米輸出と日本の対第三国輸出を用いて、日本の海外直接投資や他のマクロ変数をコントロールした上でパネルデータとして回帰分析を行う。こ

の方法により、日本の対米輸出と対中国（もしくは対第三国）輸出が代替的なのか補完的なのかを明らかにすることができる。日本の海外直接投資を組み入れることで、日本企業が生産拠点を海外（第三国）に移転しているのか、またその行動が第三国の対米輸出にどのような影響を与えているのかを分析できる。

　本章の貢献の一つは、二国間貿易を三カ国間の枠組みで分析することである。国際貿易の先行研究のほとんどは、二国間貿易を二カ国間の枠組みに限定して分析を行ってきた。しかし、gravity モデルに代表される二国間の枠組みに限定された貿易の実証研究は、貿易の重要な決定要因の一つである第三国との貿易フローを無視していることになる。

　本章の重要な実証結果は次の通りとなる。第一に、日本の対米輸出は中国の対米輸出を促進している。しかし、日本の中国向け直接投資を考慮すると、日本輸出による促進効果は消滅する。すなわち、中国の対米輸出は日本企業の生産拠点の中国移転によって拡大した部分がある。このような関係は、他のアジア諸国については見受けられなかった。第二に、産業別の米国市場規模をコントロールした場合、米国市場においてアジア諸国の輸出と日本の輸出が競合している場合があった。しかし、中国との競合度の方が他のアジア諸国との競合度より高いものであった。

2-2　アジア諸国間の経済リンケージ：貿易-FDI 連鎖

　良く知られているように、この数十年間米国と日本は東アジア諸国にとって最も重要な貿易相手国であり続けている。表2-2は1990年から2000年までのアジア諸国の貿易における日本と米国のシェアを示している。表によると、米国はアジア諸国とって重要な輸出相手国であり、一方で日本はアジア諸国への重要な輸出国である。2000年、アジア輸出における米国シェアは14％（インドネシア）から30％（フィリピン）に至る。一方、アジア輸入における日本シェアは16％（インドネシア）から25％（タイ）に至る。このデ

表2-2　アジア諸国における日米の貿易シェア

輸出国

	1990 日本	米国	1995 日本	米国	2000 日本	米国
中国	0.15	0.08	0.19	0.17	0.17	0.21
韓国	0.19	0.29	0.13	0.19	0.12	0.22
香港	0.06	0.24	0.06	0.22	0.06	0.23
シンガポール	0.09	0.21	0.08	0.18	0.08	0.17
タイ	0.17	0.23	0.17	0.18	0.15	0.21
インドネシア	0.43	0.13	0.27	0.14	0.23	0.14
フィリピン	0.20	0.38	0.16	0.36	0.15	0.30
マレーシア	0.15	0.17	0.12	0.21	0.13	0.21

輸入国

	1990 日本	米国	1995 日本	米国	2000 日本	米国
中国	0.14	0.12	0.22	0.12	0.18	0.10
韓国	0.25	0.23	0.24	0.23	0.20	0.18
香港	0.16	0.08	0.15	0.08	0.12	0.07
シンガポール	0.20	0.16	0.21	0.15	0.17	0.15
タイ	0.30	0.11	0.29	0.12	0.25	0.12
インドネシア	0.25	0.11	0.23	0.12	0.16	0.10
フィリピン	0.18	0.20	0.22	0.18	0.19	0.17
マレーシア	0.24	0.17	0.27	0.16	0.21	0.17

出所：IMF, *Direction of Trade Statistics.*

ータの特徴を一般化すると、日本は東アジア諸国に輸出し、東アジア諸国は米国に輸出をしていると言える。

　1985年から1997年まで（1998年のアジア通貨危機によって減少するまで）、東アジア諸国の輸出は順調に5倍に増加し、世界全体における輸出シェアは

1980年から1985年の間の9％から18％になった（Kawai, 2004）。同時期に、アジア域内向けFDIフローも同様に拡大している。世界全体に占める東アジア諸国向けのFDIフローは1985年の8％から1990年台半ばには22％に上昇した（ただし2002年には9％に下落）。

アジア諸国へのFDI流入は地域の輸出能力を高めただけではなく、その貿易構造も変化させた。Fukao et al. (2003) は、日米の多国籍企業による垂直的FDIによって、アジア諸国の産業内貿易がここ数十年に拡大したと述べている。さらに、これらの多国籍企業は、（生産全体を一国に移すのではなく、）FDI受入国の比較優位に応じて、生産プロセスの一部を各国に移転している（Hill and Athukorala, 1998）。したがって、東アジアにおける貿易の拡大は産業内貿易の拡大を伴ってきた。Athukorala (2003) によると、生産プロセスの分業化（fragmentation）による部品貿易は欧州や北米よりも東アジアにおいてより顕著だとされる。

東アジア地域におけるFDIの積極的な投資国として、日本の役割はより重要になってきている。表2-3では1989年から2002年までにおける日本の対アジアFDI（金額と件数ベース）が報告されている。日本の対中国FDIの総額は、1989年には対フィリピンをわずか上回っている程度であったが、1995年にはピークに達し、他のアジア諸国の2倍をはるかに上回るようになった。件数ベースでは日本の対中国FDIの拡大はさらに顕著であり、1995年には対中国FDIが対全世界に占める割合は27％であった。1990年代、中国はアジア地域における最大のFDI受入国であった。

多くの研究者によって、地域内の貿易・FDI関係が双方向であることが主張されている。政策によってFDIを受け入れやすい環境として整備されたアジア諸国は、国内の産業構造を輸出志向の強いものへと変革させることができた。次にその輸出の拡大はフィードバック効果を持ち、さらに貿易と金融の自由化を促進させた。さらに、金融面の自由化は、より多くのFDIを受け入れることを可能とした。Petri (1995) は、マクロレベルと企業レベルの両方で、貿易とFDIが双方向の関係にあることを実証的に示した。

表2-3　日本の対アジア直接投資（1989−2002）

（億円）

	1989	1990	1991	1992	1993	1994	1995	1996	1997	1998	1999	2000	2001	2002
中国	587	511	787	1,381	1,954	2,683	4,319	2,828	2,438	1,377	849	1,112	1,808	2,152
	(126)	(165)	(246)	(490)	(700)	(636)	(770)	(365)	(258)	(114)	(78)	(105)	(189)	(263)
韓国	799	419	357	291	289	420	433	468	543	389	1,094	899	704	763
	(81)	(54)	(48)	(28)	(34)	(27)	(25)	(33)	(53)	(48)	(62)	(52)	(47)	(44)
香港	2,502	2,610	1,260	966	1,447	1,179	1,106	1,675	860	789	1,088	1,039	374	248
	(335)	(244)	(178)	(154)	(184)	(112)	(119)	(89)	(121)	(51)	(76)	(52)	(37)	(31)
シンガポール	2,573	1,232	837	875	735	1,101	1,143	1,256	2,238	832	1,102	505	1,433	915
	(181)	(139)	(103)	(100)	(97)	(69)	(94)	(102)	(96)	(58)	(51)	(25)	(31)	(34)
タイ	1,703	1,696	1,107	849	680	749	1,196	1,581	2,291	1,760	924	1,030	1,105	614
	(403)	(377)	(258)	(130)	(127)	(126)	(147)	(196)	(154)	(72)	(72)	(62)	(51)	(52)
インドネシア	840	1,615	1,628	2,142	952	1,808	1,548	2,720	3,085	1,398	1,024	464	622	509
	(140)	(155)	(148)	(122)	(115)	(116)	(168)	(160)	(170)	(64)	(57)	(26)	(56)	(41)
フィリピン	269	383	277	210	236	683	692	630	642	488	689	514	951	500
	(87)	(58)	(42)	(45)	(56)	(75)	(100)	(75)	(64)	(46)	(32)	(44)	(25)	(20)
マレーシア	902	1,067	1,202	919	892	772	555	644	971	668	588	256	320	98
	(159)	(169)	(136)	(111)	(92)	(51)	(57)	(69)	(82)	(34)	(44)	(23)	(18)	(11)
世界	90,339	83,527	56,862	44,313	41,514	42,808	49,568	54,095	66,236	52,413	74,703	53,854	39,922	44,175
	(6589)	(5863)	(4564)	(3741)	(3488)	(2478)	(2863)	(2501)	(2495)	(1616)	(1729)	(1701)	(1768)	(2144)

出所：財務省、対外直接投資の金額。カッコ内の数値は海外直接投資の件数。

Petri（1992）は日本企業のタイ向け FDI が、タイと日本の二国間貿易を促進させるだけでなく、両国とその他の国との二国間貿易をも拡大させたことを示した。一方、韓国と台湾のケースを分析した Lee（1994）と Lin（1996）では、両国と FDI 相手国との二国間貿易だけを促進することを示した。さらに、Kawai and Urata（1998）は、日本とアジア諸国間の貿易とFDI が、食料・繊維・化学品・一般機械・電子機械産業においては補完的であるものの、木材・パルプ産業においては負の関係にあることを示した。東アジアにおける企業内貿易を分析した Dobson and Chia（1997）は、FDI受入国の経済が成熟するにつれて産業内貿易が減少すると結論付けた。彼らが明確にしたのは、FDI 受入国が発展し、その購買力が上昇すると、FDI

はより洗練された製品や最終消費財である耐久消費財製品へと向けられることであった。ここで注意すべき重要な点は、これらの先行研究の結果は、gravity モデルに強く依存した二国間貿易や二国間 FDI に焦点をおいて実証されたものである。本章の新たな貢献は、これらの先行研究と異なり、三カ国間の枠組みで貿易・FDI 関係のダイナミクスを分析することである。

2-3　三カ国間貿易アプローチと関連分野

　海外市場で商品を販売することを検討する際には、多国籍企業は自国の工場で生産した商品を輸出するか、海外の現地法人子会社で生産を行い販売するか、の二つの選択肢がある。貿易の実証研究でも、現地生産（すなわち FDI）と輸出が代替的なのか、または補完的なのかが検証されている。Yamawaki（1991）、Clausing（2000）、Head and Ries（2001）では、現地生産と輸出の間には補完的な関係にあることが確認されている。一方、Belderbos and Sleuwaegen（1998）では、FDI が欧州のアンチダンピング課税を避ける目的の場合には、日本の FDI と輸出は代替的であることも指摘されている。Blonigen（2001）は製品レベルのデータを用いた分析で、水平的 FDI の場合には FDI と輸出の間に代替性があることを指摘している。しかし、これらの研究では分析対象が輸出国の出資する FDI に限定されている。

　本章の分析は、中国における対内 FDI と FDI 受入国の輸出を分析した Zhang and Felmingham（2001）に近いと言える。Zhang and Felmingham（2001）では、国および省レベルのデータを用い、対内 FDI と輸出が互いに影響を与えていることを確認した。特に対内 FDI から輸出への因果性について、著者は、FDI 出資国（先進国）が中国で生産した商品を輸出しているからだと説明している。しかし、この研究においても、貿易と FDI の関係は二国間の枠組みで考察されている。

　これに対して、本章では、貿易と FDI の関係の分析が三国間の枠組みで

分析される。近年の産業内貿易や企業内貿易の発展を考慮すると、伝統的な二国間の枠組みで貿易のダイナミクスを分析することは十分ではないと考えられる。日米貿易のダイナミクスを分析するためには、日米以外の第三国との間の貿易とFDIをも検討する必要がある。以下では、輸出拠点FDIに伴い、三国間に生じる貿易とFDIの複雑な関係を一般化したものを考察する[1]。

2-3-1 輸出拠点FDI：垂直的海外直接投資

　三カ国間における貿易とFDIのダイナミクスを検討するが、第一にFDIを行う前の輸出産業の垂直的関係を説明する（図2-1-a参照）。ここでの三つの国とは、日米に加えて、第三カ国として中国を考える。簡単化のために、米国においてこの財に対する需要があり、日本の多国籍企業がこの財を生産している、と考える。多国籍企業は複数の企業から形成され、川上企業（U）が生産した中間財を川下企業（D）に納入して、川下企業が最終財を米国市場で販売する。両企業が日本国内で生産をしていて、最終財が米国に直接輸出される。この場合が図2-1-aに表されている。図表の矢印は、財の流れを示している。この場合では、貿易は日米間のみで行われ、海外生産やFDIは行われていない。

　第二に、日本の多国籍企業が垂直的FDIを行う場合を考察する[2]。国際的な分業化であるフラグメンテーションをすすめるため、日本の多国籍企業は生産プロセスを分断化して、垂直的FDIとして中国に設立された海外現地法人（D'）から財を米国に輸出する。この場合は、図2-1-bに表されてい

1）　Motta and Norman (1996) は、生産拠点FDIに関わる先駆的な理論研究として、三カ国の枠組みで多国籍企業の投資戦略をゲーム理論的に展開した。他の重要な研究には、Neary (2002)、Yeaple (2003)、Ekholm et al. (2003)、Grossman et al. (2003) がある。これらの研究は、各投資パターンの均衡を分析しているが、貿易とFDIのダイナミクスは分析していない。

2）　多国籍企業が川上企業を移管することも考えられるが、この場合FDIは既存の貿易フローに影響を与えない。新たに中国の対日輸出が発生するが、この分析は本章の対象になっていない。

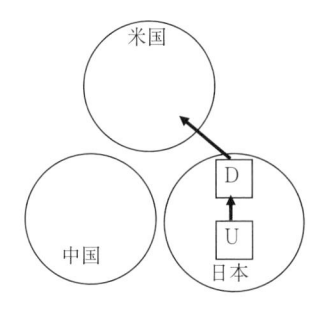

図2-1-a　FDI 前の貿易フロー 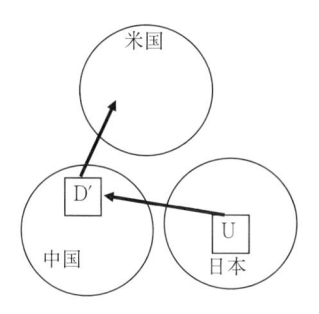　　　　図2-1-b　川下企業の FDI 後の貿易フロー

る。簡単化のために、ここでは国内の川下企業（D）は閉鎖され、全ての輸出が日本の海外現地法人（D′）から行われると考える。このケースでは、垂直的 FDI が三カ国間の貿易フローに三つの影響を与える。第一に、国内企業の生産が中止されるため、日本の対米輸出は停止する。第二に、川上企業（U）と海外現地法人（D′）間に企業内貿易が発生するため、日本の対中輸出が新たに発生する。第三に、中国の海外現地法人の対米輸出が発生する。

　実際には三カ国間の関係が上記のように極端な場合は少ないであろう。しかし、日本企業が垂直的 FDI により生産拠点を日本から中国に移管する場合には、日本の対米輸出は減少し、日本の対中輸出と中国の対米輸出は増加することは容易に期待できる。したがって、垂直的 FDI が行われる場合、ある財に関して日本の対米輸出が減少したとしても、日本企業はその財を中国を経由して米国市場に輸出しているかもしれない。

2-3-2　輸出拠点 FDI：水平的海外直接投資、フラグメンテーションが無い場合

　第三に、日本の多国籍企業が生産プロセスのフラグメンテーション（分業化）を伴わない輸出拠点 FDI を行うケースを考える。図2-2-a は、日本の多国籍企業（M）が米国に直接輸出する場合を示している。図2-1-a と異なり、ここでは生産プロセスの分業化は無く、生産プロセスの全ての過程が内

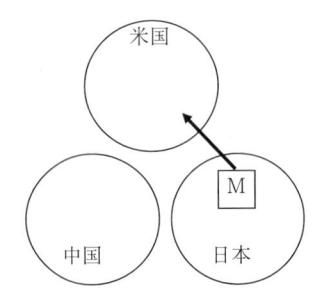

図2-2-a　FDI 前の貿易フロー 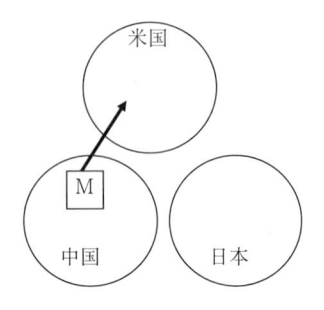　　　　図2-2-b　フラグメンテーションの無い FDI 後の貿易フロー

在化されている。図2-2-bでは生産プロセスの分業化がないため、生産拠点の移管とともに最終財の輸出は日本に代わり中国から行われる。実際には図2-1-bと同様、日本の対米輸出が減少し、中国の対米輸出が拡大するであろう。ただし、このケースでは、日中間貿易に一切影響はない[3]。

2-3-3　輸入は輸出を促進させるのか？

　FDI 以外にも三カ国間貿易に影響を与える要因はある。先行研究では、品質の高い海外製品の輸入が国内企業の生産性を高める可能性が指摘されている。MacDonald（1994）によれば、米国において輸入浸透度の高い産業では生産性が上昇することが示されている（Galdon-Sanchez and Schmitz, 2002も参照）。さらに、効率的な企業ほど輸出傾向が高いことも示されている。Bernard and Jensen（1999）では、輸出企業の事前の成長率と成功指標がともに高いことが示され、業績の良好な企業が輸出企業になる傾向が主張されている。これら実証研究の成果を三カ国間貿易に当てはめると、日本企業（JPN）の対中国輸出が拡大すると、中国国内企業（CHN）の効率性が

---

3) 外国企業の現地子会社が現地企業にスピルオーバー効果を持つことはある。Javorcik（2004）では、そのような正のスピルオーバー効果が確認されている。スピルオーバー効果は、現地企業の生産性を高めるだけではなく、現地企業を国際競争力を持つ輸出企業に変換させる。このような場合、FDI 受入国の輸出が拡大することが予想される。

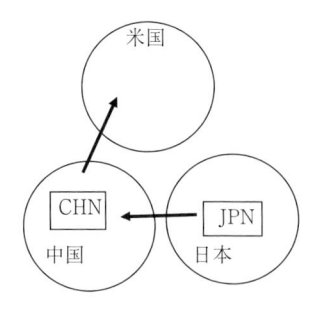

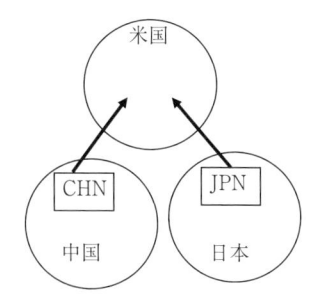

図2-3　輸入からの正のスピルオーバー　　**図2-4　競合（代替的関係）：負の相関**

上昇し、輸出企業となるという仮説が提唱される。このケースは、図2-3で示されている通りである。貿易の流れは図2-1-b に酷似しているが、FDI は関係していない。

2-3-4　代替的か補完的か

最後に考察すべきケースは、日本および中国の輸出品が競合的で、対米輸出において代替的な場合である。図2-4で示される通り、このケースでは、日本と中国の輸出製品の品質が近い産業において観測される可能性が高い。このような産業では日本と中国の競争が激しく、両国の対米輸出間に負の相関が観測される。

しかし、日本と中国が異なる中間財を輸出し、米企業がそれを用いて最終財を生産する場合には、両国の対米輸出間には補完的な関係があると考えられる。このケースでは、両国の対米輸出間に正の相関が観測される。しかし、本章で用いる HS 4桁に集計された産業分類では、同一産業内にこうした補完的な関係を見出すことは困難だろうと考えられる。その結果、代替的な効果が補完的な効果を上回り、日本および中国の対米輸出間には負の相関が観測されるであろうと考えられる。

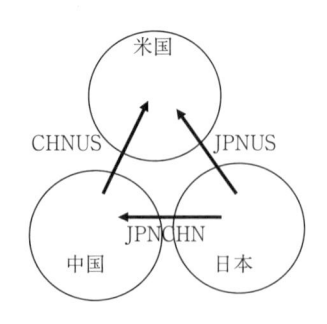

図2-5 三カ国間貿易アプローチ

2-3-5 三カ国間貿易アプローチ

上記の議論では貿易とFDIのダイナミクスが複雑であることが示された。しかし、三カ国間で生じる貿易フローの関係を分析することにより、複雑なダイナミクスを解明することは可能である。図2-5では、三カ国の一般的な輸出の流れを示している。日本の対米輸出はJPNUS、日本の対中国輸出はJPNCHN、中国の対米輸出はCHNUSで表されている。

表2-4では、これまで考察した全てのシナリオがまとめられ、三つの貿易フロー間に期待される相関が示されている。JPNCHNとCHNUSの関係は、日本企業が垂直的FDIを中国で行うことにより、あるいは日本の輸出が中国企業の生産性を高め、その結果、中国企業の対米輸出を拡大させることによって、正の相関が期待される。JPNUSとCHNUSの関係は、日本企業が

表2-4 貿易フロー間の理論的相関

	理論的相関	
	JPNCHNとCHNUS	JPNUSとCHNUS
垂直的FDI	正	負
水平的FDI	−	負
輸入→輸出	正	−
競合（補完的）	−	負（正）

(注) 相関の符号が理論から明確に予測できない場合は「−」と記す。

垂直的FDIもしくは水平的FDIを中国で行う場合、あるいは日本と中国の輸出製品が競合している場合、負の相関を有すると期待される。

　本章では、貿易とFDIのダイナミクスを分析するために、上記の三国間貿易アプローチの枠組みを用いる。この枠組みでは、日米および中国（もしくは別なアジアの国）の三カ国を結ぶ貿易フロー間の相関を推定することに重点が置かれる。具体的には、中国（もしくは別な第三国）の対米輸出（CHNUSかTHDUS）を被説明変数として、日本の対中国（もしくは別な第三国）輸出（JPNCHNかJPNTHD）と日本の対米輸出（JPNUS）を説明変数として用いる実証モデルを考える。実証結果を表2-4の理論値と比べることにより、三カ国間にいかなる貿易およびFDI上の関係が存在するかを明らかにする。

2-4　データ

　本章では、1990年から2000年までの日本と米国に加えて、中国（CHN）、韓国（KOR）、香港（HKG）、シンガポール（SGP）、タイ（THA）、インドネシア（IDN）、フィリピン（PHL）、マレーシア（MAL）のアジア8カ国を対象とする。貿易データはOECDの *International Trade by Commodity Statistics*（ITCS），Harmonized System（HS）Rev.1から抽出されたHS 4桁分類の輸出データが用いられている。HS 4桁分類には1,367種類の品目数があるが、このデータセットから次の手順で品目を選択した。第一に、サンプル期間中に1年でも欠損値のある品目はサンプルから取り除かれた。すなわち、全期間を通して貿易量がゼロを含まない品目に限定された。第二に、本章の分析では三種類の輸出フロー（日本から第三国、日本から米国、第三国から米国）を抽出する必要があるが、これら全ての輸出フローが全期間を通してゼロでない品目に限定された。この結果、分析対象となる品目数は大幅に減少し、中国を含むアジアの第三国の輸出品目数には大きな違いが出た。すなわち、中国では576品目、韓国では572品目、香港では487品目、

シンガポールでは288品目、タイでは310品目、インドネシアでは162品目、フィリピンでは180品目、マレーシアでは218品目である。

為替レートのボラティリティは、IMF の *International Financial Statistics* (IFS) の月次データより計算された。他のマクロ経済変数は IFS 並びに IMF の *Direction of Trade Statistics* より抽出された。また Frankel and Rose (1997) に準拠して、二国間の貿易結合度指数（trade intensity index）も用いられた。詳細なデータの定義と説明は補論2-1に示されている。

2-5 ベースモデルによる実証結果

2-5-1 モデルの特定化と実証結果

まずパネルデータ分析の誤差成分モデルとして、三カ国間の一階差分輸出フローを用いて、(2-1) 式のように一般的な特定化をした。

$$\Delta T_{i,j,t}^{THDUS} = \alpha_i \Delta T_{i,j,t}^{JPNTHD} + \beta_i \Delta T_{i,j,t}^{JPNUS} + \sum_{k=1}^{K} \varphi_k Z_{i,t}^k + \lambda_{i,j} + \varepsilon_{i,j,t} \quad (2\text{-}1)$$

$$i=1,...,I;\ j \in \mathbf{J}(i);\ t=1,...,T$$

ただし、$\Delta T_{i,j,t}^{THDUS}$ は t 年において、第三国である i 国から米国に向けた第 j 財の輸出の一階差分であり、$\Delta T_{i,j,t}^{JPNTHD}$ と $\Delta T_{i,j,t}^{JPNUS}$ は同様に日本から第三国および米国に向けた輸出の一階差分である。$Z_{i,t}^k$ は t 年における i 国の k 番目のマクロ変数を示している。$\lambda_{i,j}$ は個別効果、$\varepsilon_{i,j,t}$ は誤差項である。品目数である $\mathbf{J}(i)$ は、各国ごとに異なる。

変量効果モデルと固定効果モデルの特定化を選択するためには、誤差項の不均一性と自己相関に対して頑健な Arellano（1993）のワルド検定を用いる[4]。帰無仮説（観測できない個別効果の条件付き期待がゼロである）が

---

[4] 多くの研究では、変量効果の特定化を検定する際、GLS および within 推定量を用いた Hausman（1978）の手法が用いられる。一方、Hausman and Taylor（1981）では、between 推定量を用いた検定量が提示され、両者が数値的に同一であることが示されている。しかし、

棄却された場合には、固定効果モデルが用いられる。帰無仮説が棄却できない場合には、変量効果を用いる。また、LM分散均等性検定やBhargava-DW統計量により、誤差項が不均一分散や自己相関を示す場合、Whiteの不均一分散に頑健な標準偏差を用いる。

2-5-2 輸出変数だけのモデルによる予備的分析

まず予備的な分析として、輸出フロー変数のみを説明変数として用いた(2-2)式で示されるモデルを推定した。Arellanoのワルド統計量により帰無仮説が棄却されたので、固定効果モデルを用いることにした。さらに、LM分散均等性統計量により分散不均一が示されたので、Whiteの標準偏差を用いている。

$$\varDelta T_{i,j,t}^{THDUS}=\alpha_i \varDelta T_{i,j,t}^{JPNTHD}+\beta_i \varDelta T_{i,j,t}^{JPNUS}+\lambda_{i,j}+\varepsilon_{i,j,t} \qquad (2\text{-}2)$$

$$i=1,...,8; j \in \mathbf{J}(i); t=1,...,10$$

推定結果は表2-5に示されている。日本の対第三国輸出（JPNTHD）の係数の推定値は常に正である。係数は国によって大きく異なり、特に韓国（0.30）、シンガポール（0.32）、マレーシア（0.73）の係数は、香港、タイ、インドネシアの係数の十倍以上である。しかし、統計的に有意な係数は、中国と韓国とマレーシアのみであった。

この予備的分析によると、日本の対アジア輸出は、アジア諸国の対米輸出と正の相関があることが示された。前節までの理論的な議論では、日本からの輸入を経由した技術移転の可能性を指摘したが、そこで重要なFDIの効果はここで説明変数には含まれていない。

次の二つの理論的議論により、日本の対米輸出（JPNUS）の係数は負と

本章のデータを含め、誤差項に不均一分散や自己相関がある場合には、これらの検定量には問題が生じる。Hausmanの特定化検定に関しては、Baltagi（2001）を参照。近年における特定化検定の発展に関しては、Ahn and Low（1996）およびBaltagi et al.（2003）を参照。

表2-5　三カ国間貿易回帰式の固定効果モデル推定量（Ⅰ）

被説明変数：第三国の対米輸出

変数	係数	変数	係数
JPNCHN	0.125**	JPNUS（CHN）	−0.048*
	(0.063)		(0.028)
JPNKOR	0.301**	JPNUS（KOR）	0.215***
	(0.122)		(0.069)
JPNHKG	0.071	JPNUS（HKG）	0.022
	(0.068)		(0.016)
JPNSGP	0.319	JPNUS（SGP）	0.082
	(0.246)		(0.098)
JPNTHA	0.006	JPNUS（THA）	0.024
	(0.035)		(0.015)
JPNIDN	0.024	JPNUS（IDN）	−0.004
	(0.017)		(0.006)
JPNPHL	0.161	JPNUS（PHL）	−0.024
	(0.369)		(0.023)
JPNMAL	0.732***	JPNUS（MAL）	0.053
	(0.245)		(0.040)

NOB＝27930　Adj.R^2＝0.350

(注)全ての貿易フロー変数は一階差分を取ってある。カッコ内の数値は、Whiteの不均一分散に頑健な標準偏差である。1％、5％、10％水準で統計的に有意な推定量にはそれぞれ***、**、*の記号が付けられている。我々の定めた選択基準によって製品を選択しているため、製品数は各国によって異なる（詳しくは第2-4節を参照）。中国は576品、韓国は572品、香港は487品、シンガポールは288品、タイは310品、インドネシアは162品、フィリピンは180品、マレーシアは218品。

なることが期待された。第一の議論は、日本とアジア諸国の輸出が米国市場において競合的な場合に関するものであった。第二の議論は、日本企業によるFDIとして、日本の生産拠点がアジア諸国に移管されるため、日本の対米輸出がアジア諸国経由の輸出に代替される場合に関するものである。しかし、米国市場の拡大といった共通要因により両国の輸出が拡大する場合には、係数が正になる可能性も考えられる。

興味深いことに、JPNUSの推定量は、中国（−0.05）のそれのみ統計的に有意な負の符号を有していた。この結果の要因としては、日本製品と中国製品が米国市場において競合的であるか、もしくは日本の多国籍企業がFDIを通じて生産拠点を中国に移管していることが考えられる。しかし、予備的分析のこの段階では、どちらの要因がより重要なのかは特定できない。

2-5-3　各国のマクロ変数を含んだ拡張モデルの分析

本節では、gravityモデルの先行研究に倣い、JPNTHDとJPNUSに加えて、マクロ経済変数を説明変数として加える（補論2-1参照）。事前分析により多重共線性を起こす可能性のある変数を除き、最終的には10種類のマクロ経済変数を$Z_{i,t}$として用いることにした[5]。

二国間の貿易関係を分析した先行実証研究では、コントロール変数としてのマクロ変数の影響は以下のように示される。第一に、第三国のインフレーションは経済全体の費用の上昇を反映させることにより、第三国の対米輸出（THDUS）と負の相関を持つ。第二に、THDUSは米国の名目GDPと正の相関があるが、日本の名目GDPとの相関の符号は、日本と第三国の対米輸出が補完的なのか代替的なのかに依存する。補完的の場合、日本の名目GDPは間接的にTHDUSと正の相関を持つと考えられる。他のマクロ変数の影響は事前には特定できない。

表2-6には、マクロ変数を用いた分析結果が報告されている。二国間貿易の先行実証研究と異なり、ほとんどのマクロ変数は統計的に有意でない。調整済みR^2の改善は見られない上に、JPNTHDとJPNUSの推定量はほとんど影響を受けていない。マクロ変数の説明力が低いのは、貿易データが第三

5）　これら10個のマクロ変数は、為替レートのボラティリティ（EXVOL_US）、第三国のインフレ率（INF_THD）、米国のインフレ率（INF_US）、第三国の名目GDP（NY_THD）、米国の名目GDP（NY_US）、日本の名目GDP（NY_JPN）、第三国の対世界輸入（W_IMP_THD）、日本の対世界輸入（W_IMP_JPN）、第三国の対世界輸出（W_EXP_THD）、米国の対世界輸出（W_EXP_US）である。

国別・品目ごとに変化があるのに対して、マクロ変数の変化が少なく固定の値を取っているからなのかも知れない。例えば、総計27,930のパネル観測値に対して、米国名目GDPは年ごとの10種類の値しかとらない。先行研究におけるマクロ変数の説明力の高さは、集計された貿易変数を用いていることに依存している。したがって貿易変数が（年、産業、国）で多くの値を取る本章の分析では、より多くの変化をするコントロール変数が必要とされる。

2-6　産業レベル変数を用いた実証結果

　上記の議論を踏まえ、マクロ経済変数よりも多くの値を取る変数をコントロール変数として用いることにより、モデルを再推定した。第一の変数は、米国市場の大きさを品目別に反映するものとして、HS 4桁レベルの米国総輸入。第二の変数は、日本の多国籍企業の生産の海外シフトを反映するものとして、HS 2桁レベルの本邦対第三国FDIを用いた。

2-6-1　データの構築

　OECDのITCSを利用して、品目レベルの米国総輸入を計算したものをUSMARとした。これは、品目別の米国市場の代理変数として用いられる。USMARはマクロ経済変数と異なり、被説明変数（THDUS）と同じ数の異なる値を取る。

　前節までの推定結果により、JPNTHDの推定係数が日本の第三国向けFDIの効果を反映させている可能性が示唆されたので、ここでは日本の第三国へのFDIの変数を明示的に導入した。元データとしては、東洋経済新報社の『海外進出企業総覧』（OJCD）を用いた。海外進出企業総覧は約19,000社の日本企業の海外現地子会社を（HS分類とは異なる）68産業に分類している。海外進出企業総覧は海外現地子会社の設立年、住所、設立目的、産業分類が掲載されている。68産業より不動産業や銀行業を取り除いた後、海外進出企業総覧の産業コードとHS 2桁コードを対応させて（補論

表2-6 三カ国間貿易回帰式の固定効果モデル推定量（Ⅱ）

被説明変数：第三国の対米輸出

変数	係数	変数	係数	変数	係数
JPNCHN	0.109* (0.063)	JPNUS(CHN)	−0.049* (0.028)	EXVOL_US	−6,347 (9,781)
JPNKOR	0.299** (0.124)	JPNUS(KOR)	0.215*** (0.069)	INF_THD	−0.631 (52)
JPNHKG	0.074 (0.069)	JPNUS(HKG)	0.023 (0.016)	INF_US	457 (1,118)
JPNSGP	0.319 (0.246)	JPNUS(SGP)	0.082 (0.098)	NY_THD	−0.016 (0.012)
JPNTHA	0.018 (0.036)	JPNUS(THA)	0.024 (0.015)	NY_US	0.007 (0.005)
JPNIDN	0.031* (0.018)	JPNUS(IDN)	−0.003 (0.006)	NY_JPN	−0.002 (0.002)
JPNPHL	0.171 (0.367)	JPNUS(PHL)	−0.022 (0.022)	W_IMP_THD	0.069** (0.032)
JPNMAL	0.733*** (0.245)	JPNUS(MAL)	0.052 (0.040)	W_IMP_JPN	−0.055 (0.044)
				W_EXP_THD	0.251*** (0.061)
				W_EXP_US	−0.011 (0.030)

NOB=27930　Adj.R^2=0.351

(注)表2−5の注を参照のこと。さらに、説明変数にマクロ変数を追加している。

2-2)、HS 2 桁コードの産業分類による FDI 変数を構築した。こうして新たに作成された FDI 変数は、累積海外現地法人数として第三国別、年別、HS 2 桁産業別に異なる値を取る[6]。

---

[6]　ある海外進出企業総覧コードが二つ以上の HS 2 桁コードを含む場合、当該 FDI は対応する全ての HS 2 桁コードに計上した。また、最初の 2 桁を共有する HS 4 桁コードは、同数の累積現地法人数となる。本章の目的は FDI の貿易促進効果を分析することである。したがって、同じ HS 2 桁内の HS 4 桁産業間で外部性効果があったとしても、分析結果にさほど影響はない。

2-6-2 推定結果

この米国市場変数と FDI 変数を加えた推定モデルは、以下（2-3）式となる。

$$\Delta T_{i,j,t}^{THDUS} = \alpha_i \Delta T_{i,j,t}^{JPNTHD} + \beta_i \Delta T_{i,j,t}^{JPNUS} + \delta_i FDI_{i,j,t} + \gamma_i \Delta USMAR_{i,j,t} + \lambda_{i,j} + \varepsilon_{i,j,t}$$

$$i=1,...,I; j \in \mathbf{J}(i); t=1,...,T \qquad (2\text{-}3)$$

（2-3）式の推定結果は、表2-7に報告されている。米国の品目別輸入市場の変数（USMAR）の係数推定値は、多くの場合、統計的に有意かつ正である。日本のFDI変数は、中国についてのみ統計的に有意かつ正である。すなわち、日本の対中国FDIが中国の対米輸出を促進していることが示されている。さらに、(2-3) 式の修正モデルでは、日本の対中国輸出（JPNCHN）が統計的に有意でなくなり、中国の対米輸出を促進しているという以前の結果を否定している。前節と本節の推定結果から、中国の対米輸出拡大に貢献しているのは日本の対中国FDIであり、輸出を通した間接的な技術移転ではないと結論付けられよう。

興味深いことに、韓国とインドネシアを対象とした分析では、中国と対照的な結果が示されている。日本のFDI変数は統計的に有意でないが、日本の輸出は5％水準で正かつ有意である。これは、日本のFDIは韓国とインドネシアの対米輸出に影響しないものの、日本の輸出はこれらの国の対米輸出と正の相関が有することを示している。すなわち、前節までの議論を踏まえると、韓国やインドネシア向けの輸出が、日本製品を通した技術移転、あるいは日本製品との競争による現地企業の生産性向上をもたらした可能性を示している。

表2-5の結果と比較すると、JPNUSの係数は中国だけでなくインドネシアとフィリピンに関しても統計的に有意かつ負になっている。さらに、統計的に有意かつ正の値であった韓国の係数は、有意でなくなっている。USMARを導入したことで、JPNUSとTHDUSの共通要因であった米国市場の成長

表2-7　三カ国間貿易回帰式の固定効果モデル推定量（Ⅲ）

被説明変数：第三国の対米輸出

変数	係数	変数	係数	変数	係数	変数	係数
JPNCHN	0.038 (0.067)	JPNUS(CHN)	−0.141*** (0.044)	FDICHN	51.358*** (15)	USMAR(CHN)	0.052*** (0.016)
JPNKOR	0.202** (0.095)	JPNUS(KOR)	0.055 (0.050)	FDIKOR	−531.120 (522)	USMAR(KOR)	0.093*** (0.024)
JPNHKG	0.048 (0.069)	JPNUS(HKG)	0.012 (0.012)	FDIHKG	−42.172 (54)	USMAR(HKG)	0.006 (0.004)
JPNSGP	0.263 (0.224)	JPNUS(SGP)	0.063 (0.110)	FDISGP	−107.803 (231)	USMAR(SGP)	0.017 (0.016)
JPNTHA	−0.002 (0.031)	JPNUS(THA)	0.013 (0.019)	FDITHA	−27.908 (23)	USMAR(THA)	0.006 (0.005)
JPNIDN	0.026** (0.011)	JPNUS(IDN)	−0.020*** (0.008)	FDIIDN	−76.020 (72)	USMAR(IDN)	0.008*** (0.003)
JPNPHL	−0.003 (0.345)	JPNUS(PHL)	−0.083*** (0.032)	FDIPHL	90.768 (175)	USMAR(PHL)	0.031** (0.013)
JPNMAL	0.440** (0.224)	JPNUS(MAL)	−0.041 (0.042)	FDIMAL	−647.534*** (212)	USMAR(MAL)	0.068*** (0.022)

NOB＝27930　Adj.R^2＝0.445

（注）表2-5の注を参照。さらに、FDI 変数と米国市場変数を説明変数に加えている。

を上手くコントロールできた結果だと考えられる。中国・インドネシア・フィリピンの係数も負となるが、中でも中国の係数は特に大きい。すなわち、米国市場における日本製品と中国製品の競合性が強いことが示されている[7]。

2-7　実証結果の考察

本章では、輸出拠点を構築する FDI が国際貿易に与える影響を分析した。

7）　(2-3)式を推定するに当たっては、マクロ変数を用いた特定化も試したが、質的な結果は変わらなかった。

FDIの決定要因に関しては、多くの理論的な研究が存在する。例えば、Helpman（1984）は垂直的FDIのダイナミクスを説明するモデルを開発し、Markusen（1984）の分析は水平的FDIに焦点を置いている。その後、Motta and Norman（1996）は輸出拠点としてのFDI理論的枠組みを提唱した。より最近では、輸送費用・関税・設立費用に依存したFDI均衡パターンの分析もなされている。こうした理論的研究ではFDIの決定要因に焦点が置かれているのに対して、本章ではFDIを外生変数として捉えたとき、FDIの形式別に貿易に与える影響が示された。

実証分析では、中国の輸出製品と日本の輸出製品が米国市場で競合的であることを示した一方、日本の対中国輸出が中国の対米輸出を拡大させている一要因であることも示された。しかし、日本企業の中国FDIをコントロール変数として導入すると、日本の対中国輸出が中国の輸出を推進する影響はなくなり、日本のFDIが中国の輸出に統計的に有意かつ正に影響を与えることが示された。この結果は、日本の多国籍企業と中国の現地子会社間の垂直的貿易によって、日本の対中国輸出が中国の対米輸出を促進しているという結論を導く。また、中国製品と日本製品が米国市場で代替的であるという結果と、本邦FDIが中国の輸出を促進するという結果を照らし合わせると、生産ネットワークのグローバル化の一環として、日本の多国籍企業が生産拠点を中国に移管していることを強く示す結果となっている。

他のアジア諸国に関する実証結果からは、インドネシアとフィリピンの対米輸出も日本の対米輸出と代替的であることが示された。しかし、代替性の係数は、日中間の方が大きい。また、本邦FDIが与える影響の符号は正しいものの統計的に有意でなく、アジア諸国の対米輸出促進効果はない。つまり、輸出拠点FDIが貿易に与える効果は中国には当てはまっても、他のアジア諸国には当てはまらないのである。この結果は、Markusen and Maskus（2002）と整合的である。

本章のアプローチは、ラテンアメリカ地域等の他の経済地域にも適用できると考えられる。ラテンアメリカでは、米国のFDIが中心的役割を果たす

と考えられるが、本章のアプローチを適用することにより、米企業の輸出拠点FDIの貿易効果が明らかにされるであろう。東欧諸国を対象とすれば、独企業の輸出拠点FDIの貿易効果が明らかになるであろう。

2-7-1 政策的インプリケーション

1990年代、中国の高度経済成長に伴い、その貿易額は急速に拡大してきた。1992年から2000年まで、中国の輸出は849億ドルから2,490億ドルまでおよそ3倍にも増え、輸入も806億ドルから2250億ドルまで拡大している。2001年のWTO加盟後、貿易はさらに拡大している。

世界における中国の存在感が高まるにつれて、特に米国を中心として貿易相手国との新たな貿易問題が生じている。中国の拡大する輸出産業が貿易相手国の産業を脅かすだけでなく、人民元の為替レートを安く安定化させる政策も非難されている。近年、米国議会の保護政策支持者たちは、中国政府が人民元の切り上げを拒む限り、中国からの衣類輸入を規制しようとした。このエピソードは、中国からの輸入が拡大するにつれて、競争に脅かされる米国製造業における就業機会の損失が現実の問題であったことを如実に表している[8]。

こうした米中間の貿易摩擦は、過去の日米貿易摩擦を思い起こさせる。1980年から90年を通じ、日米政策当局は、日本市場のアクセスや繊維・自動車・半導体分野における貿易慣行を交渉対象とした。しかし、1999年以降、米国が日本をWTO紛争解決メカニズム（dispute settlement mechanism）で訴えたのは一度だけであった。中国の台頭により、日米間の貿易争議は近年著しく減少している。

海外直接投資の方向が変わると、貿易摩擦の性格も変わる。例えば、貿易摩擦対象国からの輸出は、生産ネットワークのグローバル化によって減少す

---

[8] Economistの2005年5月18日号の'What do yuant from us？'と2005年4月21日号の'Putting up the barricades'の記事と、アメリカの議会予算局（Congressional Budget Office）の2005年4月14日の証言を参照。

るかもしれない。中国の対米輸出の一部は、中国の日本企業子会社が生産しているからである。実際、財務省の報告によると、日本企業の新規海外直接投資数は、1994年、1995年、2002年において、対中が対米を上回っていた。

2-7-2　企業経営へのインプリケーション

本章の分析結果は、多国籍企業が中国の安価な労働力を活用する目的で競って中国へ進出している、という通説と整合的である。これは、中国の輸出力が外国企業に依存していることを示唆している。本章の議論と実証結果を踏まえると、中国の輸出企業は多国籍企業から生産技術や経営管理手法を学習しているようである。このように先進国の技術を普及させ、現地化を進めることは、国内産業の発展ならびに国内労働者の高度化に有益である。この意味で、日米欧の多国籍企業は中国企業の競争力強化を助けている。例えば、2003年、中国の自動車生産台数は、韓国を抜いて、米日独に続く世界第4位の水準に達した。近い将来、先進国においても、中国ブランドの自動車の先進国でのシェアが高くなることは容易に予想できる。

歴史的に見ると、多くの発展途上国は、初期の発展段階で安価な国内労働力を活用し、労働集約的産業に特化し、経済発展とともに、先進国から新たな技術を吸収してきた。日本も例外ではない。ただ、中国は日本以上に、海外からの技術、経営ノウハウに依存しており、日本が経験しなかった問題を抱えている。海外からの技術移転や経営ノウハウの吸収は産業や企業のより速い成長に寄与する一方で、熟練労働者賃金の上昇を速め、中国の優位性を損なう結果にもなりかねない。Economist（2005）によると、多国籍企業の中にはより安価な労働力を求めて、既に中国を離れてカンボジアやベトナムに生産拠点を移管している企業もある。

2-8　結　論

米国の経常収支赤字が近年拡大を続ける中、中国は対米経常収支黒字を拡

大してきた。中国は人民元の対米ドル価値を不当に低い水準に誘導してきたという批判もある。為替レートに関する議論はマクロ経済の是正に関するもので、米中の経常収支インバランスはより本質的な問題である。

本章は、米中の貿易摩擦問題に異なる視点を提供することにより、重要な政治的インプリケーションを投げかけた。すなわち、中国の対米輸出の著しい増加の背景には、中国企業の急速な成長に加え、日本の多国籍企業によるグローバル戦略が反映されている可能性である。中国の輸出が米国産業に打撃を与えているという一般的な理解の中で、中国が米国によりWTOに訴訟されるケースは増えている。しかし、訴訟される産業には中国で生産する日本企業も関わる可能性がある。

中国は近い将来、変動相場制に完全移行するかもしれない[9]。それにもかかわらず、多国籍企業の多くは中国から引き続き対米輸出を継続するであろう。米中間の貿易摩擦が軽減するとすれば、それは多国籍企業が中国で生産することを魅力的だと思わなくなることである。ただし、その場合、中国の対米輸出の減少は、別の生産拠点からの対米輸出に取って代わられるだけかもしれない。究極的に重要なのは、多国籍企業がどこに生産拠点を置くかである。

補論2-1：マクロ変数の定義

exvol_US	第三国通貨と米ドルの為替レートボラティリティ
exvol_JPN	第三国通貨と日本円の為替レートボラティリティ
inf_THD	第三国のインフレ率
inf_US	米国インフレ率
inf_JPN	日本インフレ率
rypc_THD	第三国の一人当たり実質GDP
rypc_US	米国の一人当たり実質GDP
rypc_JPN	日本の一人当たり実質GDP
ny_THD	第三国名目GDP
ny_US	米国名目GDP

---

[9] 2005年7月21日、中国は対米ドルの人民元レートを2.1%増価させ、通貨バスケットに対して決定される値に上下0.3%幅を持って変動させることを決定した。

ny_JPN   日本名目 GDP
W_IMP_THD   第三国対世界輸入
W_IMP_US   米国対世界輸入
W_IMP_JPN   日本対世界輸入
W_EXP_THD   第三国対世界輸出
W_EXP_US   米国対世界輸出
W_EXP_JPN   日本対世界輸出

補論2-2 FDIと貿易の対照表

HSコード	OJCDコード				HSコード	OCJDコード			
	1	2	3	4		1	2	3	4
1					53	700	2700		
3	200	600	2600		54	700	2700		
5	200	600	2600		55	700	2700		
6	200	2600			56	700	2700		
7	200	600	2600		57	700	2700		
9	200	600	2600		58	700	2700		
10	200	600	2600		59	700	2700		
11	200	600	2600		60	700	2700		
12	200	600	2600		61	700	2700		
13	200	600	2600		62	700	2700		
14	200	600	2600		63	700	2700		
15	200	600	2600		64				
16	600				65				
17	600				66				
18	600				67				
19	600				68	1400	3200		
20	600				69	1400	3200		
21	600				70	1400	3200		
22	600				71				
23	600				72	1500	3300		
24					73	1500	3300		
25	300				74	1600	1700	3400	3500
26	300				75	1600	1700	3400	3500
27	300	1200	3000		76	1600	1700	3400	3500
28	1100	2900			78	1600	1700	3400	3500
29	1100	2900			79	1600	1700	3400	3500
30	1100	2900			80	1600	1700	3400	3500
31	1100	2900			81	1600	1700	3400	3500

32	1100	2900		82	1600	1700	3400	3500
33	1100	2900		83	1600	1700	3400	3500
34	1100	2900		84	1800	3600		
35	1100	2900		85	1900	3700		
36	1100	2900		86	2000	3800		
37	1100	2900		87	2100	3900		
38	1100	2900		88	2000	3800		
39	1100	2900		89	2000	3800		
40	1300	3100		90	2200	4000		
41	1300	3100		91	2200	4000		
42	1300	3100		92	2300			
44	800	2800		93				
46	800	2800		94				
48	900	2800		95				
49	1000			96				
50	700	2700		97				
51	700	2700						
52	700	2700						

(注) 貿易 HS 2 桁分類と「海外進出企業総覧」の FDI 分類を対照させている。FDI 分類定義が複数の貿易分類定義に係る場合もある。

第3章
国際貿易と国内地域の立地[*)]
——国際貿易における国内異質性：外国経済成長が自国内地域の生産と輸出に与える影響——

3-1　はじめに

　貿易の自由化が国内生産の産業構造に影響を与えることは良く知られている。伝統的な Heckscher-Ohlin モデルでは、自給自足経済に国際貿易が導入されると、賦存量が相対的に豊かな生産要素を集約的に用いる産業にシフトしていく。多様な理論モデルが構築され、多くの実証研究においても、貿易が産業構造に与える影響の分析がされてきた。しかし、国際貿易が国内生産の地理的構造にも同様に影響を与えるのに、この事実に焦点をあてた実証分析はまだ少ない。

　例えば、海外市場に対して地理的優位性を有する国境地域は、国内の他地域よりも、貿易によって経済成長が促進される。メキシコ国境付近に設立されているマキラドーラの例は、優遇的関税という別の動機があったことは否めないが、企業数は北米自由貿易協定（NAFTA）が完全に締結された後も伸び続けている。当地の対米貿易が拡大する中、仮に関税優遇制度がなかったとしても、新規参入企業が製造工場を海外市場に隣接する地域に設立することには経済的メリットがあろう。

　もう一つの重要な例として、EU の新規加盟国である東欧諸国が挙げられる。1991年にソビエト連邦が崩壊するまでは、国内産業にとっての重要な国外市場があったとすればソビエト連邦のみであった。しかし、東欧諸国が資

[*)]　共同研究成果の一部を本書に掲載することを快く許諾して頂いた広瀬恭子氏に感謝する。本章のベースとなった論文は Hirose and Yoshida（2012）のディスカッションペーパーであるが、現在（2014年4月）大幅改訂したものを投稿準備中である。

本主義経済の導入を始めた移行期間は、西欧諸国が重要な国外市場として浮上した。Szanyi et al.（2010）は、ハンガリー企業の年次のセンサスデータを用いて、20地方の産業集積について分析をしたが、加工食品産業は東国境周辺の4地域に集積する一方、自動車関連産業は北西国境周辺の2地域に高く集中していた。

　これらの現象には、二つの経済的要因が働いている。輸出を検討するにあたり、企業はどれだけの生産および輸出を行うか（市場効果）と、国内のどこで生産を行うか（移管効果）を決断する必要がある[1]。貿易自由化や外国経済の成長による市場効果は全ての国内地域に正の影響を与える一方で、移管効果は非対称的な影響を国内地域に与えることになる。メキシコとハンガリーの国境周辺の地域では、外国経済が正の市場効果と正の移管効果を及ぼしていることが考えられる。同時に、国境周辺に位置しない地域には負の移管効果が影響を与えていることに注意しなければならない。

　メキシコの国境周辺における産業集積化の負の副作用として、Hanson（1998）はメキシコの非国境周辺地域における製造業の生産が低下したことを指摘している。Jordaan（2008）によると、メキシコ経済全体に占めるメキシコシティの製造業雇用シェアは1985年の36.8％から1998年の23％に低下している。このように、貿易自由化は国内地域の生産に非対称的な影響を与え、そのため国内産業の地域構造に大きな変化をもたらすのである。

　国内の生産拠点の移管のため国内地域によっては負の効果を受けることになるが、国内全体での移管効果はネットでゼロになるため、市場効果と移管効果の両方の影響は国全体では正になる。その一方、新たに激しい競争をもたらす外国企業の急激な成長は、国内すべての地域において国内企業の生産を低下させる要因（競争効果）となる。これは中国を地域内の貿易相手国として持つアジア諸国に当てはまる。中国の国内総生産は、1990年の1兆9340

---

[1] 生産拠点としては当然海外（直接投資）も含むべきである。しかし、この研究では生産拠点は国内地域に限定する。FDIの決定要因の実証的証拠は、例えばCheng and Kwan（2000）によって中国国内向けのFDIに関して議論されている。

億元から2008年の11兆3900億元に飛躍している[2]。この期間において、世界GDPに占める中国の割合は、3.55％から11.41％に拡大している。発展途上国の中には拡大する中国の需要から恩恵を受けた国もあるが、他の国は中国製品との競争に負けて輸出市場を失った国もある。発展途上国と中国の輸出製品の類似性に焦点を当てたJenkins（2008）の研究では、アジア諸国はもちろんのこと、ラテンアメリカ諸国でさえ、中国との厳しい競争にさらされる製品の範囲が非常に高いことが指摘されている。

　本章では、生産の国内地域構造の変化を分析するにあたり、外国経済の成長がもたらす三つの効果、「市場効果」、「移管効果」、「競争効果」に焦点を当てる。特に、国際貿易ならびに生産の国内地域構造が輸出企業の行動によって同時に決定される点が重要である。

　外部要因が国内地域に非対称的な影響を与えることを分析するため、理論モデルでは明示的に複数の国内地域を考える。具体的には、貿易費用が異なるという地域の異質性を取り入れた貿易モデルである。国内地域に異質性を導入することで複雑性が増しているため、外国に関しては一地域しか存在しないという簡単化の仮定を置く。

　国際貿易理論の分野において、国内に複数の地域を含むモデルを構築するのは本章が初めてではない。Krugman and Elizondo（1996）、Takahashi（2003）、Behrens et al.（2006, 2007）も同様に、複数の国内地域を想定している。しかし、これらの研究では貿易障壁の低下が国内における産業集積に与える影響に焦点を当てており、地域レベルにおける貿易パターンに関しては議論がなされていない[3]。そこで、本章では、外国経済の成長が地域レベルでの輸出および生産に与える影響を分析する。

　本章の理論モデルでは、外国経済の拡大によって、各地域の生産が異質な反応をすることが示される。この異質性の要因としては、外国経済の成長に

2） IMFのWorld Economic Outlook（2010）のconstant current price。
3） 注意すべき点は、モデルが一地域における企業の完全集積を均衡として持つ場合には、地域レベルの輸出は国レベルの輸出と同一になることである。

伴い、国内地域間を企業が移動することが挙げられる。上記の先行研究に集積効果が重要であるように、本章のモデルでも、外国市場に近い地理的優位性による集積効果は生じる。しかしながら、この国内地域間の生産の移管効果を考慮しても、外国経済の成長が全ての地域の輸出を増加させる均衡の存在が示すことができる。

理論モデルから導かれた仮説を実証分析において検証するにあたり、日本の地域レベルでの生産および輸出データを用いる[4]。財務省税関局は、HS9桁分類に基づいた各港（空港）別の輸出データを提供している。我々は、このデータを9地域と18産業に集計した。説明変数である産業別生産、貿易相手国からの距離、労働者数も同様に9地域と18産業に集計した。

本章の理論モデルは、均衡において国内地域の生産と輸出は同時に決定されることを示している。したがって、実証分析においては、輸出関数と生産関数を連立方程式体系とする最尤法によって求めている。実証結果からは、外国市場の成長が国内地域の輸出に正の影響を与える結果が得られている。同時に、外国企業数の増加を伴う外国経済の成長が、国内地域の生産に負の影響を与えている結果も得られた。先行研究で用いられているgravity型モデルの単一式とは異なり、外国経済の成長が生産と輸出に同時に与える影響を捉えることができた。さらに、外国市場に近い国内地域では正の市場効果ならびに移管効果が負の競争効果を上回る一方、外国市場から遠方の国内地域では逆になるという結果も得られた。すなわち、本章の実証モデルは外国市場の成長が国内地域に非対称的な効果を及ぼすことを明確に捉えることができた。

本章の残りは以下のように構成されている。第3-2節では、国内の2地域を明示的に組み込んだ2国貿易モデルを提示する。そこでは、各地域における熟練労働者数を所与とした場合の地域輸出関数を導出する。第3-3節では、

---

[4] 米国とカナダの市レベルでの国際貿易を分析したMcCallum（1995）から始まる国境効果を分析した研究が、本章の研究を動機づけるものである。また、Yilmazkuday（2012）の米国内の州間貿易を分析した研究も本章の研究に近い。

熟練労働者が地域間を移動できる長期均衡を示し、数値解析を用いて長期均衡の例を示している。第3-4節では、理論モデルと整合的な実証モデルを提唱し、第3-5節では、理論モデルから得られる仮説を日本の地域輸出データを用いて検証している。そこでは、外国経済の成長が輸出と生産の両方に与える効果が、理論モデルから得られる仮説と整合的であることが示された。第3-6節では、実証結果を検討し、結論を提示する。

3-2 理論モデル

本章では、自国に2地域が存在することを明示的に組み込んだ国際貿易モデルを提示する。外生的に与えられる2地域の異質性は、外国経済との地理的な位置関係から生じる国際貿易費用の違いである。既に本国に2地域を組み入れることで通常の国際貿易モデルよりも複雑性が増しているので、外国経済に関しては一地域とすることで簡素化をする。3地域を分析するという意味では、本章のモデルは Krugman and Elizondo（1996）や Takahashi（2003）の拡張モデルと解釈することもできるが、重要な点で大きく異なる。まず、Krugman and Elizondo（1996）[5]が経済活動の完全集積が生じる条件の分析に焦点を置いているのに対して、本章のモデルは、異質的な国際貿易費用を導入することで、各国内地域からの輸出の分析に力点が置かれている[6]。また、Takahashi（2003）では国内2地域が同質財を生産していると仮定しているが、本章のモデルでは、外国も含んだ3地域において差別化財による独占的競争を仮定している[7]。

本章における国内地域間の外生的な違いは、国際貿易費用の違いのみによ

---

5) Krugman and Elizondo（1996）では、国際貿易費用の低減は一地域に集積した生産が両地域に拡散することが示されている。
6) Behrens et al.（2006, 2007）の4地域モデルの一連の研究で行われている分析も経済活動の集積に視点が置かれている。
7) Takahashi（2003）の分析の目的は、国内地域が地理的優位性と生産性について異質性がある場合に生じる非効率な集積の分析である。

る。国際貿易費用の異質性により、差別化財の価格指数は地域ごとに異なり、移動可能な労働者はより高い実質賃金が得られる地域に移動する。均衡においては、熟練労働者の実質賃金は地域間で均等化して、地域ごとの熟練労働者のシェアに異質性が生じる。

　本章と Behrens et al. (2009) では、貿易モデルの構築の視点という意味で、共有する部分が多くある。しかし、両者の重要な違いは、本章は熟練労働者が地域間を移動できると仮定していることにある。熟練労働者は企業数に直結しているので、この仮定は企業の地域間移動とも解釈できる。本章では、外国市場の影響によって労働者（企業）が国内地域間を移動して、各地域の輸出に与える影響を分析している。

　本章の基本的なモデルの構成は、Krugman and Elizondo (1996) と類似性が多い[8]。まず、自国（H）と外国（F）の2国が存在する。外国は1地域だけだが、自国には2地域ある[9]。両国は同じ技術水準を持つため、リカード的な生産性の違いによる貿易は発生しない。

　両国には熟練労働者と非熟練労働者の二種類の労働者が居住している。自国（外国）における熟練労働者と非熟練労働者の人数は、それぞれ $L_H(L_F)$ と $A_H(A_F)$ である。いずれの労働者も居住する地域において労働と消費を行う。ただし、非熟練労働者は居住地域から移動できないが、熟練労働者は国内地域間に限り移動できる。簡素化のために、自国の非熟練労働者は両地域に同数居住しているとする。すなわち、$A_1=A_2=0.5A_H$ である。国内の熟練労働者市場における自国地域1のシェアを $\lambda\in[0,1]$ とする、すなわち、$L_1=\lambda L_H$ と $L_2=(1-\lambda)L_H$ が成り立つ。

　労働者は同質財と差別化財の二種類を消費する。個人の効用関数として、次のような関数型を仮定する。

---

[8] 我々のモデルは Krugman and Elizondo (1996) と次の三つの点により異なる。第一に、我々のモデルでは地域内の移動費用は存在しない。第二に、我々のモデルには二種類の労働者がいる。第三に、我々のモデルは国内の二地域の国際貿易費用が異質であることを分析している。

[9] 以後では、F 国と F 地域は同じことを指す。

$$U = A^{1-\alpha} M^\alpha \qquad (3\text{-}1)$$

ただし、A は同質財の消費、M は差別化財の消費バスケットから得られる効用、α は差別化財に対する支出割合である。差別化財の消費バスケットは、次のような関数型であると仮定する。

$$M = \left[\int_0^N m_i^{\frac{1}{(1-\sigma)}} di \right]^{1-\sigma} \qquad (3\text{-}2)$$

N は自国と外国の両方を含んだ世界全体の差別化財のバラエティ数であり、σ は 1 より大きく、バラエティ間の代替弾力性を示している。

予算制約の下で効用最大化問題を解くと、以下のような間接効用関数が得られる。

$$V_r^i = \alpha^\alpha (1-\alpha)^{1-\alpha} \frac{w_r^i}{(P_r)^\alpha} \qquad (3\text{-}3)$$

V_r^i と w_r^i は r 地域（$1, 2, F$）に居住する i タイプ（熟練労働者か非熟練労働者）の間接効用関数と名目賃金率を示しており、P_r は次のような r 地域の価格指数を示している。

$$P_r \equiv \int_0^{n_1} (p_{1r}(v))^{1-\sigma} dv + \int_0^{n_2} (p_{2r}(v))^{1-\sigma} dv + \int_0^{n_F} (p_{Fr}(v))^{1-\sigma} dv \qquad (3\text{-}4)$$

ただし、n_r は r 地域の差別化財の種類の数を示しており、$p_{sr}(v)$ は s 地域で生産され r 地域で消費されている差別化財 v の価格である。

貿易費用に関しては、同質財については発生しないが、差別化財については国際的な移動にも国内地域間の移動にも費用はかかる[10]。しかし、同地域内の取引では貿易費用は発生しない。輸送費用はアイスバーグ型を仮定して、一単位の差別化財が s 地域から r 地域へ輸送されると、$1/\tau_{sr}$ 単位だけの差別化財が r 地域に到着する（ここで τ_{sr} は 1 以上）。すなわち、τ_{sr} の低下は輸送費用の低下を示している。この輸送費用の違いによって、差別化財

---

10) 貿易費用が距離に応じて単調に増加すると考えられるなら、後の実証分析において距離を貿易費用の代理変数として用いることができる。次の脚注も参照のこと。

が地域ごとに異なる価格に設定される。

$$p_{sr}(v) = \tau_{sr} p_s(v) \qquad (3\text{-}5)$$

ただし、$p_s(v)$ は差別化財 v の s 地域での生産者価格である。地域内では輸送費用はないので、τ_{ss} は1である。

このモデルで最も重要な特徴は、国際輸送費用が国内地域ごとに異なるという簡潔かつ現実的な仮定によって生み出されている[11]。具体的には、地域1と地域 F 間の国際輸送費用は地域2と地域 F 間の国際輸送費用とは異なる（すなわち、$\tau_{1F} \neq \tau_{2F}$）。国際輸送費用は国内地域間で異なるが、輸送費用は二地域間では対称的である（すなわち、$\tau_{rF} = \tau_{Fr}$）[12]。さらに、地域1は海外市場 F に対して地理的な優位性を持っていると仮定する（すなわち、$\tau_{1F} < \tau_{2F}$）[13]。国際輸送費用に加えて、国内地域間の輸送費用は τ_{12} であると仮定している[14]。

輸送費用の相対的な大きさも重要である。まず、国内地域間の輸送費用は、国際輸送費用コストより小さい。そして、地域2から外国 F に輸出する際、地域1を経由しないという仮定を置く。すなわち、$\tau_{12} < \tau_{1F} < \tau_{2F}$ と $\tau_{2F} < \tau_{1F} + \tau_{12}$ が成立している[15]。

供給面では、二つの産業が存在する。一つの産業では、非熟練労働を唯一

---

[11] 貿易費用の計測の困難性と重要性は Anderson and van Wincoop（2004）で慎重に議論されている。貿易費用の構成要素には、関税、数量割り当て、輸送、保険、そして時間に関わる費用が含まれる。我々の分析では、同一国内の地域間の異質性に注目をしているので、貿易費用の多くの構成要素は地域間で共通である。この研究では、「輸送費用」を国内地域間で異なる貿易費用の構成要素部分という意味で用いている。

[12] Waugh（2010）では、裕福な国と貧しい国の間の貿易障壁は非対称であることを主張している。すなわち同一区間であっても裕福な国からの貿易費用と貧しい国からの貿易費用は異なることを主張している。

[13] 図3-1に三地域の地理的構造の仮定が図式化されている。

[14] 後に明らかになるが、この国内地域間の輸送費用の存在が自国企業の生産拠点の決定に重要な影響を与える。この輸送費用が存在しなければ、国内企業はどちらの地域にいても、低い方の国際貿易費用しか掛からないことになる。

[15] このモデルでは地域1を経由する輸送方法やシステムが存在しないので、後者の仮定は厳密には必要がない。しかし、地域1を輸出拠点として利用する地域2からの輸出方法があったとしても、後者の仮定を置くことで国内地域からの輸出は直接輸出のみとなる。

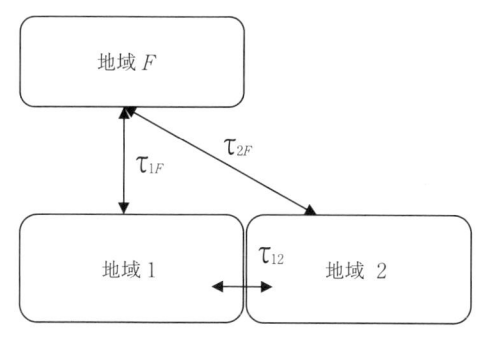

図3-1　自国 2 地域・外国 1 地域の地理的関係

（注）地域 1 と地域 2 は自国であり、地域 F は外国である。地域間の貿易費用は矢印の長さによって示される。

の投入要素とした収穫一定の技術で、完全競争の下で各企業が同質財を生産する。この同質財はニューメレールであり、要素投入比率は 1 とし、輸送費用は掛からないとする。これらの仮定から、非熟練労働者の賃金は全ての地域において 1 となる。一方、地域 r の熟練労働者の賃金を w_r とする。

もう一方の差別化財産業では、独占的競争企業が、水平的に差別化されている連続体のバラエティを生産している。各企業は一つだけのバラエティを生産しているため、世界における総企業数と総バラエティ数は同じになる。各企業は、$f(>0)$ 単位の熟練労働者を固定費用として初期投資を行い、$\beta(>0)$ 単位の非熟練労働者を限界投入要素として用いる。この生産技術の仮定からは、各地域で生産された差別化財の価格は、$p(v)=\sigma\beta/(\sigma-1)$ となる。以下では、同じ生産技術の仮定より、生産価格がバラエティのタイプに依存しないので、$p(v)$ は p で示すことにする。企業は自由に参入ならびに退出ができると仮定することで、ゼロ利潤条件が成り立ち、企業の生産規模が確定する。r 地域の企業の生産量を x_r で表すと、各企業の利潤は $\pi_r=px_r-(fw_r+\beta x_r)$ で与えられる。ゼロ利潤条件から、企業の生産量は、$x_r=(\sigma-1)fw_r/\beta$ で表される。注意すべき点は、企業の生産規模は熟練労働者の賃金に比例して増加することである。

各バラエティの生産価格は地域に依存しないため、r地域の価格指数は以下のように示すことができる。

$$P_r = p(n_1 T_{1r} + n_2 T_{2r} + n_F T_{Fr})^{\frac{1}{1-\sigma}}, \quad \text{ただし} \quad T_{sr} \equiv \tau_{sr}^{1-\sigma}. \quad (3\text{-}6)$$

ただし、$T_{sr} \in (0,1]$である。T_{sr}がゼロに近づくと輸送費用は無限大に大きくなり、1だと輸送費用がゼロであることを示している。

各地域における企業数（n_r）は、各地域における熟練労働者の需給均衡条件から、以下のように導かれる。

$$n_1 = \frac{\lambda L_H}{f}, \quad n_2 = \frac{(1-\lambda)L_H}{f}, \text{ and } n_F = \frac{L_F}{f}. \quad (3\text{-}7)$$

さらに、各地域の賃金関数も、差別化財の需給均衡条件から以下のように導出できる。

$$w_r = \frac{\alpha}{\sigma}\left(\frac{T_{1r}Y_1}{G_1} + \frac{T_{2r}Y_2}{G_2} + \frac{T_{Fr}Y_F}{G_F}\right), \quad (r=1, 2, F) \quad (3\text{-}8)$$

ただし、Y_rはr地域の総所得であり、$Y_r \equiv A_r + w_r L_r$で定義される。一方、G_rは熟練労働者の（輸送費用で調整された）合計であり、$G_r \equiv L_1 T_{1r} + L_2 T_{2r} + L_F T_{Fr}$と表される。自国の熟練労働者の地域間分布（$\lambda$）が所与の場合、(3-8)式の3地域の賃金関数を連立して解くことで、各地域の賃金が決定する。

均衡における自国内の熟練労働者の地域間分布が求められると、均衡における自国各地域の輸出額も、各地域の企業数と、各製品に対する（輸送費用を考慮した）外国需要を乗じたものとして求められる。各地域の差別化財輸出額をE_1とE_2で示すと、次のように表される。

$$E_1 = n_1 p T_{1F} \frac{\alpha Y_F}{P_F^{1-\sigma}}, \quad E_2 = n_2 p T_{2F} \frac{\alpha Y_F}{P_F^{1-\sigma}} \quad (3\text{-}9)$$

さらに価格指数(3-6)と地域所得の定義より、(3-9)式は次のようにモデルのパラメーターだけで表すことができる。

$$E_1 = \frac{\lambda L_H T_{1F} \alpha (A_F + w_F L_F)}{[\lambda T_{1F} + (1-\lambda) T_{2F}] L_H + L_F}, \quad E_2 = \frac{(1-\lambda) L_H T_{2F} \alpha (A_F + w_F L_F)}{[\lambda T_{1F} + (1-\lambda) T_{2F}] L_H + L_F}.$$
(3-10)

ここで留意すべき点は、地域輸出が自国内の熟練労働者の地域間分布のパラメター（λ）に依存していることである。(3-10) 式の地域輸出関数により、輸送費用や経済規模が国際貿易に与える影響が gravity モデルの一型として分析可能になる[16]。また、輸送費用がない場合、モデルが CES 型であるため、(3-10) 式における地域1の輸出は、外国の所得に差別化財のシェアと地域1の熟練労働者の世界におけるシェアを乗じたものとなっている。すなわち、$T_{1F} = T_{2F} = 1$ の場合、地域1の輸出は次のように簡素化される。

$$E_1 = \frac{\lambda L_H}{L_H + L_F} \alpha Y_F \qquad (3\text{-}11)$$

数値分析による比較静学に頼らずとも、これらの地域輸出関数の構造から重要な特徴が読み取れる。以下、これらの特徴を順次検討していく。

第一に、地域輸出関数にはモデルの一部のパラメターしかあらわれない。自国地域の特性を示す一部のパラメター（A_1, A_2, w_1, w_2）は、地域輸出関数に直接的な影響は与えない。しかし、モデルの全てのパラメターは、自国熟練労働者の地域1のシェア（λ）を通して地域輸出関数に間接的な影響を与えている。λ と比例的である地域1の企業数と生産量も、全てのパラメターから同様に間接的な影響を受ける。モデルのパラメターが λ を経由して与える影響を、以下では「生産への間接効果」と呼ぶことにする。この効果は、当然、国内二地域間で非対称的である[17]。

第二に、重要な変数の直接効果は確定できる。Y_F が (3-10) 式の地域輸

---

[16] 伝統的な gravity モデルにおいて、貿易費用と二国の所得が二国間貿易に与える影響を関する理論的根拠を与えた研究には Anderson (1979) がある。

[17] 自国地域間の輸送費用（T_{12}）と自国の非熟練労働者数（A_1とA_2）は明示的に地域輸出関数に出現しない。これらのパラメターに関しては、間接的な効果のみであり、E_1とE_2の分子に λ と $1-\lambda$ とそれぞれ出現するため、それぞれの地域輸出関数に与える影響の符号は反対になる。

出関数に正で含まれているため、外国の所得の直接効果はいずれの地域でも正である。すなわち、外国の経済成長は両地域の輸出を促進する。地域1のλおよび地域2の$1-\lambda$として示される生産の直接効果は、それぞれの地域の輸出にとって正である。各地域における生産の拡大は、それぞれの輸出を促進する。輸送費用の直接効果は負で、先行研究の結果と整合的である。輸送費用の上昇、すなわちT_{1F}の低下は、地域1の輸出を減少させる。

第三に、自国における非熟練労働者の増加は生産を増加させるはずであるが、地域輸出関数には直接的に含まれない。そのため、自国の非熟練労働者は生産を経由した間接的な経路を通して地域輸出に影響を与える。

第四に、外国経済が固定費用（f）の低下など、生産性の改善を経験すると、(3-6) 式における外国製品の価格指数を低下させ、(3-9) 式における地域輸出額を低下させる。この効果は、競争効果と理解できる。

第3-4節で実証モデルを考察する際には、地域輸出に与える直接効果と間接効果を区別することは重要である。本章の実証方法の貢献は、地域生産関数と地域輸出関数の両方を推定することである。地域輸出に直接影響する変数のみが地域輸出推定式に含まれ、間接効果のみの変数は、地域生産推定式に含まれている。これらの地域輸出関数と地域生産関数を完全情報最尤法により同時推定を行う。

3-3　均　衡

第3-2節の結果は、内生変数であるλ（地域1における熟練労働者の国内シェア）を先決変数として取り扱ったものである。自国の熟練労働者数が所与の下、シェアλが既決であれば、前節で得られた結果は均衡となる。しかし、熟練労働者は国内地域間を移動可能なため、λの値はモデルの全てのパラメーターによって内生的に決まるのである。本節では、均衡においてλがどのように決定されるかを説明する。

モデルを閉じるためには、均衡における自国の熟練労働者の国内シェアを

確定させる必要がある。熟練労働者は国内地域を自由に移動できるために、熟練労働者が地域１から得ることのできる効用と地域２から得られる効用が均衡において等しくなる必要がある。すなわち、(3-3) 式より次の関係が均衡において成立する必要がある。

$$V_1(\lambda) = V_2(\lambda) \Rightarrow \frac{w_1(\lambda^*)}{(P_1(\lambda^*))^\alpha} = \frac{w_2(\lambda^*)}{(P_2(\lambda^*))^\alpha}, \quad (3\text{-}12)$$

ただし、λ^* は均衡における地域１の熟練労働者の国内シェアを示している。この実質賃金均衡条件と賃金関数により、均衡における熟練労働者の国内シェアが確定する。この λ^* を (3-10) 式に代入したものが、均衡における輸出関数である。

3-3-1 長期均衡

本章のモデルは、国内各地域の輸出を分析するために構築されている[18]。すなわち、本章の関心は全ての地域が輸出するような安定的な均衡に限定されている。ここで、これまで課してきたパラメーターの制約をまとめてから、本章の均衡概念を定義する。11 全てのパラメーターは、$\theta = (\alpha, \beta, \sigma, f, L_F, L_H, A_F, A_H, \tau_{1F}, \tau_{2F}, \tau_{12})$ で表される。また、二地域の間接効用の差を $\Delta V(\lambda) \equiv V_1(\lambda) - V_2(\lambda)$ で定義する。

仮定 （a1）全てのパラメーターは非負である。（a2）$\tau_{12} < \tau_{1F} < \tau_{2F}$。
（a3）　$\tau_{2F} < \tau_{1F} + \tau_{12}$。

定義 長期安定地域輸出（Long-run Stable Regional Export, LSRE）均衡: パラメーター集合 $\theta = (\alpha, \beta, \sigma, f, L_F, L_H, A_F, A_H, \tau_{1F}, \tau_{2F}, \tau_{12})$ は仮定 (a1) から (a3) までを充たし、以下三条件を充たす時に λ^* は LSRE 均衡であるという。(i) λ^* の値は０と１を取らない、０から１の区間内であり、(ii) $\Delta V(\lambda^*) = 0$、

---

[18] ある特定の地域への集積に焦点がある理論的分析では、各地域にそれぞれ完全集積するような均衡に関心がある。

(iii) $\frac{d\Delta V(\lambda^*)}{d\lambda} \leq 0$ である。

　条件 (i) は、各地域に少なくとも一人の熟練労働者が居住し、差別化財を生産かつ輸出することを保証する。条件 (ii) は、熟練労働者が居住地に関して無差別であることを示す。条件 (iii) は、均衡が安定的であることを示す。11のパラメーターの無作為に選択された値から、条件 (ii) を充たす λ を見つけられたとしても、条件 (i) (iii) が充たされる保証はない。ある特定地域に産業を完全に集積させないという条件として、2種類の労働者の相対数を限定する必要がある。

3-3-2 数値解析による均衡例

　本節では、LSRE 均衡の存在を数値解析によって例示する。補論3-1に示されたパラメーター値の下では、地域1の熟練労働者の国内シェアが0.566というLSRE 均衡が得られた。輸送費用が約25%（2.0対2.5）異なれば、熟練労働者のシェアは約30%（0.566対0.434）異なるように拡大されている。輸送費用の差が地域輸出額の差に与える影響はさらに大きい。地域1の輸出額が約16.0なのに対して、地域2の輸出額は約9.8である。すなわち、輸送費用が約25%異なれば、地域輸出は約63%も異なるのである。一般的な gravity モデルで想定される距離効果が国内地域間でも確認できた。

3-4　地域輸出と地域生産の推定モデル

　第3-2節で得られた地域輸出関数を実証分析に応用するためには、以下で (i) 複数産業の導入、(ii) 代理変数の選択、(iii) 生産変数の内生性を検討する必要がある。(3-10) 式で与えられる差別化財産業の地域輸出関数

$$E_1 = \frac{\lambda L_H T_{1F} \alpha (A_F + w_F L_F)}{[\lambda T_{1F} + (1-\lambda) T_{2F}] L_H + L_F}$$

は、$x_1 = (\sigma-1) f w_1 / \beta$ と $n_1 = \lambda L_H / f$ を用いることにより、以下のように表す

ことができる。

$$E_1 = \frac{n_1 x_1 \frac{\beta}{(\sigma-1)} \frac{1}{w_1} T_{1F} \alpha Y_F}{[\lambda T_{1F} + (1-\lambda) T_{2F}] L_H + L_F} \quad (3\text{-}13)$$

ここで、地域1の輸出関数は、地域生産量（$n_1 x_1$）、貿易費用（T_{1F}）、差別化財への支出割合（α）、差別化財間の代替性弾力性（σ）、限界労働投入係数（β）、地域賃金（w_1）、外国所得（Y_F）、世界の熟練労働者の加重和（$[\lambda T_{1F} + (1-\lambda) T_{2F}] L_H + L_F$）の関数として表されている。(3-13) 式の自然対数を取ると、次のような推定モデルが得られる。

$$\begin{aligned}\ln E_{1j} = &\ln n_1 x_1 + \ln T_{1j} + \ln \alpha \beta/(\sigma-1) - \ln w_1 + \ln Y_j \\ &- \ln \{[\lambda T_{1j} + (1-\lambda) T_{2j}] L_H + L_F\}\end{aligned} \quad (3\text{-}14)$$

(3-14) 式の第一項は地域生産量であり、Pro で表すことにする。理論モデルでは全ての差別化財が一産業に属することを想定していたが、実証モデルでは複数の産業を用いる。産業水準で各地域の生産量が入手可能である場合には、地域 i の産業 k の生産量を Pro_{ik} で表す。地域賃金（$Wage$）および輸入国の所得（$GDPIM$）、並びに輸送費用の代理変数として国内地域と輸入国間の距離（$Dist$）を用いると、以下 (3-15) 式が得られる。

$$\begin{aligned}\ln E_{ijkt} = &\alpha_1 \ln Pro_{ikt} + \alpha_2 Dist_{ij} + \alpha_3 \ln Wage_{it} + \alpha_4 \ln GDPIM_{jt} \\ &+ \theta_j + \theta_k + \varepsilon_{ijkt}\end{aligned} \quad (3\text{-}15)$$

ただし、Pro_{ikt} は産業 k の自国地域 i における生産、$Dist_{ij}$ は自国地域と輸入国の距離、$Wage_{it}$ は地域 i の賃金、$GDPIM_{jt}$ は輸入国の国内総生産、θ_j と θ_k は輸入国ダミーと産業ダミーを表し、ε_{ijkt} が誤差項である。添字の t は年を表す。ここでダミー変数は、(3-10) 式の分母が全ての地域に関して共通であるため、地域要因を除いた、輸入国ダミーと産業ダミーだけが用いられている。

(3-15) 式を推定する際の主要な計量経済学的問題は、各地域の熟練労働者数（もしくは生産量）が非熟練労働者数と外国の需要から、内生的に決定

されていることである(第3-3節参照)。この内生性の問題を処理せずに(3-15)式を推定すると、推定量の一致性が得られない。この問題に対処するため、以下のような地域生産式を明示的に導入して、地域輸出式とともに連立方程式体系として完全情報最尤法で同時推定する。

$$\ln Pro_{ikt} = \beta_1 D\_Dist_{ij} \times \ln GDPIM_{jt} + \beta_2 \ln POP_{it} + \theta'_j + \theta'_k + v_{ijkt} \quad (3\text{-}16)$$

ただし、D_Dist_{ij} は距離指数変数、$GDPIM_{jt}$ は輸入国の国内総生産、POP_{it} は自国地域の人口(非熟練労働者の代理変数)、θ'_j と θ'_k はそれぞれ輸入国ダミーと産業ダミー、v_{ijkt} は誤差項である。第3-2節の理論モデルでは、外国経済の成長は、各地域の外国市場への距離が異なるため、地理的により近い自国地域での企業集積をより高めることが明らかにされた。このため、外国経済からの距離が、平均より近い地域は正の値、平均より遠い地域は負の値を取る距離指数変数(D_Dist_{ij})を導入した。具体的には、D_Dist_{ij} は自国(地域)と輸入国 j の平均距離の自然対数から、輸入国 j と地域 i の距離の自然対数を引いた値である。

3-5 日本の地域輸出の実証分析

前節までで、地域生産構造を明示的に捉えた国際貿易理論モデルを提示し、地域輸出関数と地域生産関数を連立方程式体系として完全情報最尤法で同時推定することを提案した。しかし、本章で用いるデータは、国際貿易の先行研究に比べて、通常より詳細な情報を要求される。輸出と生産の両面において、国レベルよりも小さな地域レベルのデータが必要とされるが、そのようなデータを利用可能な状態で公表している国はほとんどない。そのような中、日本では、この研究で必要とされている輸出と生産の地域データが入手可能である[19]。

---

19) この研究と非常に近い目的を持った実証研究として、Davis and Weinstein (1999) が日本の地域生産に関して分析を行い、自国市場効果(home-market effect)が地域レベルでも確認

日本の貿易データは、財務省税関局が各都道府県に存在する（複数の）国際港別に公表されている。生産データにも県レベルのデータが存在し、そのデータを用いた例として、図3-2で2005年の産業ロボットと医療器具産業の生産拠点が全国に散らばっていることが示されている。図3-2が示すように、生産が全国各地に点在することは確認できるが、地域輸出とどの程度関連性があるのかまでは分からない。本章では、港別輸出データと都道府県別生産データの両方を用いて、本章の国内地域を基盤とした理論モデルから得られた仮説を検証する。

3-5-1　データ

　県別の生産データは、日本 SNA 産業分類に基づいて、内閣府が『経済活動別県内総生産』を年次で公表している。本章では、農業、林業、漁業、鉱業、サービスに13種類の製造業を加えた、合計18産業を利用する（補論3-4を参照）。この都道府県レベルのデータは1990年から始まるので、サンプル期間も1990年から2006年を選択した。

　輸出データは、財務省税関局が公表している国際港別の貿易データベースを利用した。税関局は、貿易データを各国際港（空港）別で、HS 9桁分類の品目別・輸入国別に提供している[20]。データの集約として、次の三段階の手続きを行った。第一段階は、HS 9桁分類の品目データを、HS 2桁分類の産業に集約した[21]。第二段階は、複数の港のデータを県別に集約した。第三段階は、二種類（HS 分類と SNA 分類）の産業分類間の対照表を作成し、輸出データと生産データの突き合わせをした。具体的には、補論3-5の輸出 HS 2桁分類と生産 SNA 産業分類の対照表を用いて、HS 2桁の輸出

　　　できることを示した。しかし、この研究では地域別の貿易データは用いられていない。
20）　港レベルでのデータを用いた研究として、Blonigen and Wilson（2008）がアメリカと外国の港の効率性を計測して、港の効率性の改善が貿易量を促進させる効果を見つけている。我々の研究において、県単位で複数の港を集約することは、地域間の港の効率性の違いの影響を低減させることが期待される。また、Blonigen and Wilson（2008）によって計測された最も効率的な日本の港の所在地は、比較的広範囲に分散されていた。
21）　HS 2桁の産業分類の説明に関しては補論3-2を参照されたい。

**図3-2　2005年の地域別生産:
産業ロボット [JSIC2698] と医療器具 [JSIC3131]**

(注)各産業の都道府県別生産額は棒の高さで示される。
出所: 工業統計調査、著者による推定。

データを18種類の SNA 産業に振り分けた。

　さらに、次の二つの理由から、複数の県を広域地域として集約をすることを選択した。第一に、都道府県の中には国際港を持たないために貿易量を申告しない場合がある。これらの都道府県に所在する企業は、隣接する都道府県の国際港を利用している。第二に、企業が所在する都道府県に国際港があっても、利便性や航路の理由から隣接する都道府県の国際港を利用する場合も考えられる。これらの地域越境する輸出の影響を最小限にするため、47都道府県を9地域にグループ分けした（補論3-3参照）。貿易相手国は、日本地域間で距離の差が顕著になる近隣アジア8カ国を選択した。これらの8カ国は、韓国、中国、香港、シンガポール、インドネシア、マレーシア、フィリピン、タイである。

　日本地域別の労働者数は、日本の『国勢調査』を利用し、アジア8カ国の

GDP並びに労働者数は、世界銀行の *World Development Indicator*（WDI）を利用する。米ドルでのGDPは、年末の円ドルレートを用いて円建てに換算する。地域賃金データは、厚生労働省の『賃金構造基本統計調査』を用い、熟練労働者の賃金として金融部門の男性賃金を選択する[22]。

日本地域とアジア諸国間の距離に関しては二段階で計測されている。第一段階は、各アジア諸国の首都から各都道府県への距離を測定している。都道府県内に複数の国際港がある場合には、最も貿易量が大きい港を基点とした。第二段階では、アジア諸国と日本9地域の距離は、地域内から計測して最短の距離を地域からの距離として定義した。

全てのデータについて、9地域への集約作業が行われた。総観測数は、17,813である[23]。

3-5-2 推定結果

完全情報最尤法の推定結果は表3-1に報告されている。まず、特定化(1)の地域輸出関数の推定を考察する。地域輸出関数における4つの変数に関しては、理論モデルから期待される符号と整合的であり、かつ統計的に有意である。第一に、輸入国所得の係数の推定値は、4.162であり1％水準で有意である。これは、外国経済が1％の経済成長を経験すると、各地域の輸出が約4％上昇することを示している。第二に、アジア諸国と日本地域間の距離は、地域輸出を低減させる。本章の特定化では、距離が（ログではなく）線形形式であるため、距離弾力性は係数推定値（−0.0013）と距離水準を乗じることで計算できる。そのように計算すると、（絶対値の）距離弾力性は1％から5％の範囲である。第三に、地域輸出は地域生産の格差を拡大する。

---

22) 他の利用可能な産業は、建設業、製造業、小売・サービス業である。
23) 全てのデータに欠損値が無い場合は、22,032となる。17年×9地域×8輸入国×18産業。しかし、輸出の自然対数を取るため、輸出が無かった4,219のデータが除外された。およそゼロ輸出の三分の一が沖縄地域（沖縄県のみ）に属している。沖縄県は大きな経済規模ではないが、他の県から海を隔てて大きく離れているため一地域として扱っている。産業別では、ゼロ輸出は鉱業に多く、795のデータが除外されている。

表3-1 地域別輸出と地域別生産の推定値

		特定化(1) FIML	特定化(2) FIML
輸出関数			
	ln PRO	1.632 (0.018)	1.634 (0.018)
	DIST	-0.0013 (0.00004)	-0.0013 (0.00004)
	ln Wage	-0.271 (0.085)	-0.271 (0.085)
	ln GDPIM	4.162 (0.058)	4.193 (0.058)
	D_industry	yes	yes
	D_importer	yes	yes
	R^2	0.52	0.52
生産関数			
	(D_dist)(ln GDPIM)	0.015 (0.001)	
	D_dist		0.476 (0.030)
	ln GDPIM		-0.031 (0.007)
	ln POP	1.455 (0.007)	1.452 (0.007)
	D_industry	yes	yes
	R^2	0.80	0.80
	NOB	17,813	17,813
	Log likelihood	-63427	-63422

(注)パネルデータは、日本9地域、アジア8カ国、18産業、17年間を含む。完全情報最尤法（FIML）により、輸出関数と生産関数を同時推定。カッコ内の数値は標準偏差。D_dist は、平均距離/地域距離の自然対数をとった距離指数変数。特定化(1)は距離指数変数と外国所得を交差項として、特定化(2)では両変数を別々に推定。

推定された係数は1.632であり、0より大きいことはもとより、1より大きいことも統計的に有意である。第四に、地域熟練労働者の賃金は、地域輸出にマイナスの影響を与える。地域における10％の賃金上昇は、地域輸出をおよそ2.7％減少させる。

　次に特定化(1)の生産関数の推定に関して考察する。距離指数変数と輸入国所得の交差項は、正の値で、かつ統計的に有意である。本章の距離指数変数は、輸入国から（平均よりも）遠方に位置する地域ではマイナスになる点を留意すると、外国経済の成長は、外国に近い国内地域の生産を高める一方、外国から遠い国内地域の生産を減少させている。この結果は、国内地域間の生産拠点の移動を考慮する本章の理論モデルとも、Hanson（1998）、Jordaan（2008）、Szanyi et al.（2010）の実証研究とも整合的である。さらに、非熟練労働者の代理変数である人口変数の推定係数は正で、かつ1％水準で有意である。

　次に特定化(2)の推定結果を考察する。まず地域輸出関数の推定結果は、特定化(1)とほとんど同じであり、特定化に関して頑健であった。特定化(2)の生産関数では、距離指数変数と輸入国所得変数を交差項ではなく、別々の変数として取り扱った。外国経済の成長は自国に相反する二つの効果を与える。一つは、自国輸出企業に大きな海外市場を与える効果であり、もう一つは、外国企業との競争の激化による自国生産の減少の効果である。この競争激化による自国生産の低下は、生産拠点の海外移管によって代替されるかもしれない。本章の理論モデルではこの生産拠点の海外移管は明示的に捉えていないが、現実に先進国の発展途上国への海外直接投資は活発に行われている。輸入国所得の係数の推定値は負で、かつ統計的に有意である。地域輸出関数の推定結果と一緒に考慮すると、我々の実証結果は、外国経済の成長が（競争の激化や国内生産の海外移転のため）国内の地域生産を低下させる一方、（より大きな海外市場の提供により）地域輸出を拡大させる影響があることと整合的である。

　地域輸出関数の推定結果は、推定方法や生産関数の特定化に関して頑健で

あった。生産関数の特定化に関しては、距離ダミー変数と輸入国所得に関しては、交差項としてのモデルと別々の項としてのモデルの二つの特定化を行った。どちらの特定化モデルでも、外国所得の成長が外国に近い国内地域の輸出を促し、外国から遠い国内地域の輸出を低減させる結果が得られた。

頑健性の確認のために、地域輸出関数を単一式とした最小二乗法による推定も行った。推定された係数のほとんどは、完全情報最尤法の結果と数値的にも統計的有意性も同様の結果が得られた。唯一の違いは生産変数の係数の推定値であり、単一式としての推定は生産変数の地域輸出への影響を約20%程度過小評価した。これは、生産変数の内生性問題を解決するために、同時方程式モデルを採用したことを正当化している。

3-6　結　論

外国経済の成長が自国の生産および輸出の地域構造に与える影響として「市場効果」、「移管効果」、「競争効果」の三つの効果に焦点を当てた分析を行った。第一に、外国経済成長による「市場効果」は、拡大された海外市場への供給を目的とした自国の工場の生産拡大につながる。この生産拡大は、直接的に地域輸出の拡大へと連結している。第二に、外国経済成長による「競争効果」は、生産性の向上による競争力をつけた外国企業の存在が、自国工場の生産を縮小させる。しかし、この生産規模の縮小があっても、自国工場からの輸出を減少させる必要はない。「市場効果」と「競争効果」の純効果は、自国企業の輸出にプラスの効果を与えるかもしれない。第三に、外国経済成長による「移管効果」は、自国に立地している工場間のシフトを生じさせる。貿易自由化後のメキシコ国内地域に与えた影響と同様に、外国市場に近い地域へ生産及び輸出が移管される。本章では、この三つの効果の分析を行うために、自国二地域の二国間貿易モデルを提唱した。

地域的に分解されている日本の貿易データを用いて、日本国内の9地域・18産業・アジアの8カ国に関して、地域生産関数ならびに地域輸出関数の同

時方程式を完全情報最尤法で同時推定した。実証結果は、外国経済成長が全地域の輸出を一律に促進させる一方で、地域の生産に非対称的な影響を及ぼすことが示された。

第3-2節で説明した Krugman and Elizondo (1996) や Behrens et al. (2006, 2007) 以外にも、国内の複数地域を分析する貿易モデルは存在する。例えば、Rossi-Hansberg (2005) は、国が連続体の部分線であるモデルを検討している。このアプローチは、自国内における様々な生産パターンを表現することができる。また、Marjit and Beladi (2009) も連続体の地域をリカードモデルとして分析している。ただし、このモデルにおける国際(または国内)取引は、二つの財のどちらかに特化することから生じているために、実証研究への応用が困難であると考えられる。また、これらのモデルは国内における集積に焦点を置いている。一方、本章のモデルは、輸出の地域間比率、産業特性と輸出傾向の分析にも拡張ができると考えられる。

補論3-1　パラメターのカリブレーション

この補論は、LSRE 均衡を充たすパラメターの値を見つけることを目的としている。第一に、効用関数のパラメターである α と σ の値を決める。大きな値の α は、支出の割合を差別化財へとシフトする。次の数値($\alpha=0.5$ と $\sigma=2$)を用いることにした。

第二に、二種類の労働者数(A_F、A_H、L_F、L_H)の数値を決める必要がある。二国の非熟練労働者数は同じになるように設定した。様々な数値をカリブレーションしていく中で、LSRE 均衡が充たされるような数値の組み合わせとしては、(i) 非熟練労働者数は熟練労働者数よりもずっと大きい水準である必要があり、(ii) 外国の熟練労働者数は自国の熟練労働者数よりも少ない必要がある、ことが判明した。以下の数値を用いることにした、$L_F=4$、$L_H=8$、$A_F=A_H=100$ である。自国内における非熟練労働者数は両地域で同数とした、$A_1=A_2=50$。

第三に、固定費用としての熟練労働者の投入係数 (f) を0.5とした。両国

が同じ生産技術を持っていることを仮定しているので、この f のパラメターを変化させることは、両国の熟練労働者数を同時に変化させることと同じ効果がある。様々な数値シミュレーションの結果、この固定費用パラメターと熟練労働者数は相互に強く影響を与え、上記の熟練労働者数の場合には、(非熟練労働の投入係数) $\beta=0.5$ が LSRE 均衡を充たすのに適切であった。

最後に、輸送費用パラメター ($\tau_{12}, \tau_{1F}, \tau_{2F}$) のカリブレーションが必要となる。(a2) と (a3) の仮定を充たしたもので、次の数値を用いることにした、 $\tau_{1F}=2.0$、$\tau_{2F}=2.5$、$\tau_{12}=1.25$。以上のパラメターの数値は、第3-3-1節で定義された LSRE 均衡の三つの条件を全て充たしている。

補論3-2　HS 2桁分類による定義

類	類の定義
第 1 類	動物(生きているものに限る。)
第 2 類	肉及び食用のくず肉
第 3 類	魚並びに甲殻類、軟体動物及びその他の水棲無脊椎動物
第 4 類	酪農品、鳥卵、天然はちみつ及び他の類に該当しない食用の動物性生産品
第 5 類	動物性生産品(他の類に該当するものを除く。)
第 6 類	生きている樹木その他の植物及びりん茎、根その他これらに類する物品並びに切花及び装飾用の葉
第 7 類	食用の野菜、根及び塊茎
第 8 類	食用の果実及びナット、かんきつ類の果皮並びにメロンの皮
第 9 類	コーヒー、茶、マテ及び香辛料
第10類	穀物
第11類	穀粉、加工穀物、麦芽、でん粉、イヌリン及び小麦グルテン
第12類	採油用の種及び果実、各種の種及び果実、工業用又は医薬用の植物並びにわら及び飼料用植物
第13類	ラック並びにガム、樹脂その他の植物性の液汁及びエキス
第14類	植物性の組物材料及び他の類に該当しない植物性生産品
第15類	動物性又は植物性の油脂及びその分解生産物、調製食用脂並びに動物性又は植物性のろう
第16類	肉、魚又は甲殻類、軟体動物若しくはその他の水棲無脊椎動物の調製品
第17類	糖類及び砂糖菓子
第18類	ココア及びその調製品
第19類	穀物、穀粉、でん粉又はミルクの調製品及びベーカリー製品
第20類	野菜、果実、ナットその他植物の部分の調製品

第21類	各種の調製食料品
第22類	飲料、アルコール及び食酢
第23類	食品工業において生ずる残留物及びくず並びに調製飼料
第24類	たばこ及び製造たばこ代用品
第25類	塩、硫黄、土石類、プラスター、石灰及びセメント
第26類	鉱石、スラグ及び灰
第27類	鉱物性燃料及び鉱物油並びにこれらの蒸留物、歴青物質並びに鉱物性ろう
第28類	無機化学品及び貴金属、希土類金属、放射性元素又は同位元素の無機又は有機の化合物
第29類	有機化学品
第30類	医療用品
第31類	肥料
第32類	なめしエキス、染色エキス、タンニン及びその誘導体、染料、顔料のその他の着色料、ペイント、ワニス、パテその他のマスチック並びにインキ
第33類	精油、レジノイド、調製香料及び化粧品類
第34類	せっけん、有機界面活性剤、洗剤、調製潤滑剤、人造ろう、調製ろう、磨き剤、ろうそくその他これに類する物品、モデリングペースト、歯科用ワックス及びプラスターをもととした歯科用の調製品
第35類	たんぱく系物質、変性でん粉、膠着剤及び酵素
第36類	火薬類、火工品、マッチ、発火性合金及び調製燃料
第37類	写真用又は映画用の材料
第38類	各種の化学工業生産品
第39類	プラスチック及びその製品
第40類	ゴム及びその製品
第41類	原皮(毛皮を除く。)及び革
第42類	革製品及び動物用装着具並びに旅行用具、ハンドバッグその他これに類する容器並びに腸の製品
第43類	毛皮及び人造毛皮並びにこれらの製品
第44類	木材及びその製品並びに木炭
第45類	コルク及びその製品
第46類	わら、エスパルトその他の組物材料の製品並びにかご細工物及び枝条細工物
第47類	木材パルプ、繊維素繊維を原料とするその他のパルプ及び古紙
第48類	紙及び板紙並びに製紙用パルプ、紙又は板紙の製品
第49類	印刷した書籍、新聞、絵画その他の印刷物並びに手書き文書、タイプ文書、設計図及び図案
第50類	絹及び絹織物
第51類	羊毛、繊獣毛、粗獣毛及び馬毛の糸並びにこれらの織物
第52類	綿及び綿織物
第53類	その他の植物性紡織用繊維及びその織物並びに紙糸及びその織物
第54類	人造繊維の長繊維及びその織物

第55類	人造繊維の短繊維及びその織物
第56類	ウォッディング、フェルト、不織布及び特殊糸並びにひも、綱及びケーブル並びにこれらの製品
第57類	じゅうたんその他の紡織用繊維の床用敷物
第58類	特殊織物、タフテッド織物類、レース、つづれ織物、トリミング及びししゅう布
第59類	染み込ませ、塗布し、被覆し又は積層した紡織用繊維の織物類及び工業用の紡織用繊維製品
第60類	メリヤス編物及びクロセ編物
第61類	衣類及び衣類附属品(メリヤス編み又はクロセ編みのものに限る。)
第62類	衣類及び衣類附属品(メリヤス編み又はクロセ編みのものを除く。)
第63類	紡織用繊維のその他の製品、セット、中古の衣類、紡織用繊維の中古の物品及びぼろ
第64類	履物及びゲードルその他これに類する物品並びにこれらの部分品
第65類	帽子及びその部分品
第66類	傘、つえ、シートステッキ及びむち並びにこれらの部分品
第67類	調製羽毛、羽毛製品、造花及び人髪製品
第68類	石、プラスター、セメント、石綿、雲母その他これらに類する材料の製品
第69類	陶磁製品
第70類	ガラス及びその製品
第71類	天然又は養殖の真珠、貴石、半貴石、貴金属及び貴金属を張つた金属並びにこれらの製品、身辺用模造細貨類並びに貨幣
第72類	鉄鋼
第73類	鉄鋼製品
第74類	銅及びその製品
第75類	ニッケル及びその製品
第76類	アルミニウム及びその製品
第78類	鉛及びその製品
第79類	亜鉛及びその製品
第80類	すず及びその製品
第81類	その他の卑金属及びサーメット並びにこれらの製品
第82類	卑金属製の工具、道具、刃物、スプーン及びフォーク並びにこれらの部分品
第83類	各種の卑金属製品
第84類	原子炉、ボイラー及び機械類並びにこれらの部分品
第85類	電気機器及びその部分品並びに録音機、音声再生機並びにテレビジョンの映像及び音声の記録用又は再生用の機器並びにこれらの部分品及び附属品
第86類	鉄道用又は軌道用の機関車及び車両並びにこれらの部分品、鉄道又は軌道の線路用装備品及びその部分品並びに機械式交通信号用機器(電気機械式のものを含む。)
第87類	鉄道用及び軌道用以外の車両並びにその部分品及び附属品

第88類　航空機及び宇宙飛行体並びにこれらの部分品
第89類　船舶及び浮き構造物
第90類　光学機器、写真用機器、映画用機器、測定機器、検査機器、精密機器及び医療用機器並びにこれらの部分品及び附属品
第91類　時計及びその部分品
第92類　楽器並びにその部分品及び附属品
第93類　武器及び銃砲弾並びにこれらの部分品及び附属品
第94類　家具、寝具、マットレス、マットレスサポート、クッションその他これらに類する詰物をした物品並びにランプその他の照明器具(他の類該当するものを除く。)及びイルミネーションサイン、発光ネームプレートその他これらに類する物品並びにプレハブ建築物
第95類　がん具、遊戯用具及び運動用具並びにこれらの部分品及び附属品
第96類　雑品
第97類　美術品、収集品及びこっとう

補論3-3　地域の定義
(1) 北海道; (2) 青森県、岩手県、宮城県、秋田県、山形県、福島県; (3) 茨城県、栃木県、群馬県、埼玉県、千葉県、東京都、神奈川県; (4) 新潟県、富山県、石川県、福井県、山梨県、長野県、岐阜県、静岡県、愛知県; (5) 三重県、滋賀県、京都府、大阪府、兵庫県、奈良県、和歌山県; (6) 鳥取県、島根県、岡山県、広島県、山口県; (7) 徳島県、香川県、愛媛県、高知県; (8) 福岡県、佐賀県、長崎県、熊本県、大分県、宮崎県、鹿児島県; (9) 沖縄県

補論3-4　SNAによる産業の定義
(1) 農業、(2) 林業、(3) 水産業、(4) 鉱業、(5) 食料品、(6) 繊維、(7) パルプ・紙、(8) 化学、(9) 石油・石炭製品、(10) 窯業・土石製品、(11) 一次金属、(12) 金属製品、(13) 一般機械、(14) 電気機械、(15) 輸送用機械、(16) 精密機械、(17) その他製造業、(18) サービス業

補論3-5　HS2産業とSNA産業の対照表

HS2	SNA	HS2	SNA	HS2	SNA	HS2	SNA	HS2	SNA
1	1	21	5	41	17	61	17	81	12
2	1	22	5	42	17	62	17	82	12
3	3	23	5	43	17	63	17	83	12
4	1	24	5	44	17	64	17	84	13
5	1	25	10	45	17	65	17	85	14
6	2	26	10	46	7	66	17	86	15
7	1	27	8	47	7	67	17	87	15

8	1	28	8	48	7	68	10	88	15
9	1	29	8	49	18	69	10	89	15
10	1	30	8	50	6	70	10	90	16
11	5	31	8	51	6	71	4	91	16
12	5	32	8	52	6	72	11	92	17
13	5	33	8	53	6	73	12	93	17
14	5	34	8	54	6	74	12	94	17
15	5	35	8	55	6	75	12	95	17
16	5	36	8	56	6	76	12	96	17
17	5	37	8	57	6			97	18
18	5	38	8	58	6	78	12		
19	5	39	9	59	6	79	12		
20	5	40	17	60	6	80	12		

第 4 章
国際貿易と輸出マージン
――輸出バラエティの実証分析：国内の地域異質性――

4-1 はじめに

　独占的競争の要素を取り入れた「新貿易理論」では、伝統的な貿易理論には存在していなかった、新たな二つの「貿易の利益（gains from trade）」が示されている（Feenstra, 2010）[1]。Krugman（1980）による同質的企業の独占的競争モデルでは、貿易によって、新たな外国製品のバラエティ（variety）を消費できることから貿易の利益が発生する[2]。一方、Melitz（2003）の異質的企業モデルでは、より効率的な企業が輸出企業となる自己選択から生じる貿易の利益が存在する。さらに Feenstra and Kee（2008）では、Melitz モデルを用いて、全要素生産性の向上が輸出バラエティの拡大を伴うことを示した。モデルの違いにより、消費者と生産者間の利益配分は変化しうるが、貿易の利益の発生にはバラエティが常に重要な要素を担っている。

　独占的競争を取り入れた「新しい貿易理論」の発展に応じて、国際貿易における財バラエティの重要性を、実証的に明らかにすることが必要であると認識されるようになった。代表的な Feenstra（1994）の研究に従い、Hummels and Klenow（2005）は拡張マージン（extensive margin）指標を

---

[1] Feenstra（2010）では、輸入製品との競争によって低下するマークアップから、第三の貿易の利益についても議論されている。
[2] 国際経済学の分野においてバラエティという用語は厳密に定義されていない。この論文では、バラエティは製品の（荷重された）総数という意味で用いられている。しかし、より細かい区別が必要な場合には、製品内（within-category）バラエティは同一製品内の差別化財の種類を、製品間（across-category）バラエティである拡張マージンは異なる製品数として用いる。

定義して、輸出財の製品間（across-category）のバラエティの計測を行った。Hummels and Klenow は、輸出財バラエティ全集合の実証的定義として、5,000品目以上となる Harmonized System（HS）6桁コードの貿易分類を用いた。この細かい分類を用いることで、例えば、軽自動車と中型自動車を区別することが可能となる[3]。この方法は、特に Melitz（2003）のような異質的企業モデルにおいて発生する、生産者側の貿易の利益を計測するのに適している。

　この章では、Hummels and Klenow（2005）の研究に従い、生産者（輸出企業）に生じる貿易の利益を実証的に示すことを目的としている。更に、新たな貢献として、一国をさらに地域へと分割した上で、各地域ごとの輸出バラエティを計測することである。国レベルの輸出を地域分解することが有益なのは、一国の輸出に内在する異質性を企業レベルに求めるのではなく、まだ研究があまり進んでいない国内地域間に存在する輸出異質性を明確にできるからである。企業レベルにおける異質性を明示的に取り込んだ研究には前述の Melitz（2003）の他にも Helpman, Melitz and Yeaple（2004）があるが、これらのモデルでは企業の生産性効率に基づき、各企業が、市場から撤退するのか、生産を続けるのか、さらに国外の市場にまで進出するのかを判断する。国内を地域分割して輸出を分析することは、生産性効率が最も高い輸出企業の国内における立地の分布を考察することとなり、企業の生産性の異質性を地域にリンクさせることが可能となる。この章の目的は、地域の生産性の異質性を反映する地域別輸出バラエティ、すなわち拡張マージンを計測することにある。

　財務省税関局が公表している港湾別のデータを用いることで、非常に細分

---

[3]　しかし、多くの研究者によって指摘されているように、この詳細な分類定義でさえも製品内の異なる差別化財、すなわち製品内（within-category）のバラエティをあからさまにすることはできない。例えば、GM とフォードの中型自動車の輸出は同じ製品として分類されてしまう。Hummels and Klenow（2005）は、1995年の日本の自動車輸出には56種類のモデルが含まれていたが、乗用車には7種類の HS 6桁分類コードしか対応していないことを指摘している。

化された財について都道府県別の輸出データベースを構築することが可能となった。このデータベースを用いて、1988年から2005年までの都道府県別の拡張マージン、集中（intensive）マージン、価格指数、数量指数を計測する[4]。本章の分析結果は次の三点に要約できる。第一に、期間中の都道府県別の拡張マージンを比較することで、地域間の輸出構造に関して大きな違いがあることが明確にされた。この違いに関しては、補論4-1によって示されている通りである。第二に、貿易成長の要因分解を行うと、輸出成長の60％以上が拡張マージンによって説明できることが示された。この結果が意味するのは、輸出の成長が、既存の輸出財の規模拡大ではなく、新たな輸出財の種類が増えることに強く依存することである。この60％以上という数値は、国レベルの輸出バラエティを国際比較分析したHummels and Klenow（2005）によって得られた推定値と非常に近い。第三に、拡張マージンの重要性は、一時点におけるクロスセクション分析よりも、時系列の要素を組み入れたパネル分析の方が正確に捉えられることを示した。前述のようにパネル分析では拡張マージンの要因が貿易成長の60％以上を占めるのに対して、特に県内総生産を用いた時には、各年度でのクロスセクション分析では要因が40％程度に低下する。このことから、クロスセクション分析を行ったHummels and Klenow（2005）で主張された国レベルにおける拡張マージンの重要性は、本当はもっと大きい可能性が示唆される。

　本章は以下のように展開される。第4-2節では、計測の問題に注意しながら拡張マージンの理論と実証研究の発展について考察する。第4-3節では国内地域における集中マージンと拡張マージンの定義を定め、第4-4節では実証分析で用いられるデータを説明する。第4-5節では実証結果を考察し、最後に第4-6節では本章で得られたインプリケーションを検討する。

4）　集中マージンは特定の製品における貿易量を計測する指標であり、拡張マージンは製品の種類の数を計測する指標である。正確な定義は第4-3節で説明する。

4-2 国際貿易におけるバラエティ

　国際貿易においてバラエティの拡大は貿易の利益に直結するため、バラエティの計測自体が実証研究の主要な研究対象となった。Krugman（1980）等により独占的競争モデルが貿易理論として定着するようになると、Feenstra（1994、2010）、Feenstra and Kee（2004、2007、2008）、Hummels and Klenow（2005）、Broda and Weinstein（2006）、Arkolakis, Demidova, Klenow and Rodríguez-Clare（2008）、Chaney（2008）等により、バラエティが貿易の利益にどのように関連しているかの実証分析がなされてきた。

　本節では、本章の実証分析の主題である輸出バラエティの計測について、二つの主要な論点を検討する。一つ目の論点は、輸出バラエティの計測が行われる地点（すなわち、輸出国なのか輸入国なのか）に関するものである。二つ目の論点は、輸出バラエティの実証的な次元に関するものである。

　第一の論点である、輸出バラエティの計測が輸出国か輸入国のいずれでなされるべきかについては、先行研究においてどちらの計測方法も採用されている。一方で、Feenstra（1994）、Broda and Weinstein（2006）、Arkolakis et al.（2008）は輸入データを用いているのに対して、Hummels and Klenow（2005）および Feenstra and Kee（2008）では輸出データを用いている。特定の品目内に新たに導入された製品から生じる厚生の上昇を計測するために、Feenstra（1994）は輸入バラエティの拡大を正確に捉える価格指数を提唱した。Broda and Weinstein（2006）は、この概念を全ての輸入財に拡張し、米国の総輸入価格指数を計測することにより、米国の輸入バラエティの拡大がもたらした厚生の上昇を推定した。この推計結果によれば、米国の消費者の厚生の上昇は GDP の2.6パーセントであった。しかし、Arkolakis et al.（2008）によるコスタリカの輸入データの分析によれば、大幅な関税の引き下げにもかかわらず、貿易の利益は比較的小さいかったとされる。

　一方、Hummels and Klenow（2005）による輸出国のクロスセクションデータの分析は、国際貿易の成長が「既存の輸出品の規模の拡大」と「新たな

輸出品の出現」のいずれかによって推進されているのかを検証した。この研究は輸出バラエティの指標として拡張マージンを126カ国の輸出国について構築し、それが貿易の成長要因の約60％を占めていることを示した[5]。完全競争モデルを仮定した伝統的貿易理論と比較して、Krugman等の独占的競争モデルに起因する拡張マージンの拡大の方が、貿易成長の主要な役割を担っていることが示された。ただし、Hummels and Klenow（2005）でも貿易の利益は、より多くの種類の貿易財を消費できる輸入国の消費者によって享受されると考えられていた。

　Feenstra and Kee（2008）は、Melitz（2003）の異質生産性企業モデルを用い、拡張マージンの拡大が輸出企業の生産性を向上させ、貿易の利益を発生させることを示した。さらに、Feenstra（2010）は貿易の利益に関する理論的整理を行い、貿易の利益がMelitzタイプの異質生産性企業モデルでは生産者側にだけ発生して、Krugmanタイプの同質生産性企業モデルでは消費者側だけに発生することを明らかにした[6]。したがって、本章の分析のように輸出国において計測された拡張マージンは、Melitzタイプモデルが示唆する生産者の厚生により近く対応していると考えられる。

　第二の論点は、拡張マージンの実証的な次元に関するものである。一国の輸出財バラエティの計測では、先行研究においては二つの次元が利用されてきた。一つはArmingtonタイプの輸出国レベルの次元であり、もう一つは詳細に区分された財空間としての次元である。Feenstra（1994）では、特定の輸入品目において新たな国から輸入が生じた場合、それを新規のバラエティと定義した。この定義はArmingtonタイプの輸出国ごとに特定される次元であり、例えば、日本車とドイツ車は別なバラエティと定義される。もう一つの次元は、Hummels and Klenow（2005）が用いた財空間上のバラエテ

5）　一方、Besedes and Prusa（2007）は、発展途上国の長期的な輸出成長には集中マージンがより重要だと主張している。
6）　さらにChaney（2008）は、代替弾力性が貿易に与える影響に関して、企業が同質的（Krugman, 1980）なのか、異質的（Melitz, 2003）なのかが重要な要因であることを示した。

ィである。この研究では、財の種類の多さに基づくバラエティを計測するため、例えば、小型乗用車と大型乗用車は別なバラエティと定義される。

本章の研究の目的は、輸出国の拡張マージンの分析をさらに深めることで、貿易の利益が何に起因するのかを実証的に示すことにある。具体的な手法は、財空間上次元の拡張マージンの定義を用いて、一つの輸出国の拡張マージンを計測することにある。さらに、本章の新たな貢献は、国レベルではなく、国内地域レベルの輸出における拡張マージンを計測することである[7]。補足的であるが、この分析により、第3章のような国内地域を明示的に取り込んだ国際貿易理論の実証的裏付けを与えられるかもしれない。

4-3 国内地域における輸出バラエティの計測方法

以下、Feenstra（1994）およびHummels and Klenow（2005）によるバラエティの計測方法に従い、国内地域の輸出バラエティを正確に定義するが、その前に国内の多くの地域から輸出が行われている典型的な例として、自動車産業を採り上げてみる。日本のHS分類コード「870323.929」では、「2,000ccから3,000ccのピストン形式のエンジンを搭載する自動車」と定義されている[8]。このコード番号に分類された品目は、2005年では、41県中11県から実際に対米輸出されている[9]。最も高い金額を示す6つの県は、愛知県（5,020億円）、千葉県（2,870億円）、神奈川県（1,590億円）、山口県（710億円）、静岡県（550億円）、広島県（410億円）である。本章で提唱する

7） もちろん、国内地域レベルでの貿易データを利用して実証分析を行った研究は他にもある。McCallum（1995）は距離をコントロールした上で、カナダ国内の州はアメリカの州よりも別のカナダ国内の州との方がより大きな貿易をしていることを示した。Wolf（2000）は、アメリカの州間の貿易に加えて、さらに同一州内の貿易の分析を行った。

8） HSコードの国際標準は6桁分類であるが、加盟国はさらに詳細な分類をすることの裁量を有している。日本は6桁を更に9桁まで拡張して詳細な定義をしている。国際標準のHS6桁コードでは、「870323」は「1,500ccから3,000ccのピストン形式のエンジンを搭載する自動車」として定義されている。

9） この例では、単一の輸出先国を挙げているが、実証分析においては全ての輸出先国のデータを利用している。

表4-1　地域輸出における異質性

ケースⅠ

産業	地域 A	B	C	D	国計
1	15	15			30
2	15	15			30
3			15	15	30
4			15	15	30
計	30	30	30	30	

ケースⅡ

産業	地域 A	B	C	D	国計
1	10		10	10	30
2	10	10		10	30
3	10	10	10		30
4		10	10	10	30
計	30	30	30	30	

国内地域次元による定義では、同分類であっても地域が違うと、差別化された財と認識される。

　地域レベルでの輸出を分析することが重要であることは、以下の二つの単純化したケースから明らかになる（表4-1）。簡単化のため両ケースとも、国内は4つの地域より成り、国レベルでは4産業が輸出していると仮定する。表の数値は、行における産業（1、2、3、4）が列における地域（A、B、C、D）から輸出している金額である。注意する点としては、いずれのケースにおいても、集計すると各地域、各産業ともに同額（30）の輸出をしていることである。換言すれば、国レベルでの産業別輸出金額（右端）を観察している限り、ケースⅠとケースⅡを区別することは不可能である。また、地域の輸出総額（下段）を観察するだけでも、両者を区別することはできない。

　地域レベルの輸出を産業別に見ることによってのみ、ケースⅡにおいて、いずれの産業もより多くの地域から輸出されていることが明確になる。同時に、ケースⅡにおいて、各地域が輸出可能財の75%の種類を輸出しているのに対して、ケースⅠではその半分の種類だけを輸出することに特化していることが明らかになる。二つのケースで、同じ産業でも国内地域によって財の差別化がされていると考えると、ケースⅡにおける輸出バラエティがより拡張的である。もちろん、現実はより複雑であり、上記のような図式化はできない。そこで、本章では、異なる地域で輸出された財は同じ分類であっても異なる財として定義する輸出バラエティ指数を提唱する[10]。

具体的には、Hummels and Klenow (2005) による国レベルの手法を拡張し、県別の輸出マージン指標を作成する。これらの指標は、輸出シェア (overall export share)、集中マージン (intensive margin)、拡張マージン (extensive margin)、さらに集中マージンを分解した価格指数と数量指数を指し、輸入国と輸出県のペアごとに構築される。すなわち、各県ごとに（輸入国数と同じ）226個の指数が計算され、各輸入国別の指数の幾何平均を取ることで、各県に一つの指数が計算できる。

まず、i県のj国向けのk製品の輸出価格と輸出数量を、それぞれp_{ijk}とx_{ijk}と表す。I_{ij}は、i県のj国向けに実際に輸出している製品（すなわち、$x_{ijk}>0$）の集合である。Iは全ての輸出製品の集合である。また、これらの指数を作成するためには、基準経済 (reference economy) を定義する必要がある。Feenstra (1994) では、基準経済を同国の一期前の経済とした。Hummels and Klenow (2005) では、世界諸国のクロスセクションの分析において、世界経済を基準経済としている。本章では、基準経済を日本全体とし、それをiの代わりにmと表す。すると、拡張マージンと集中マージンは、次のように定義される。

$$EM_{ij} = \frac{\sum_{k \in I_{ij}} p_{mjk} x_{mjk}}{\sum_{k \in I} p_{mjk} x_{mjk}} \qquad (4\text{-}1)$$

$$IM_{ij} = \frac{\sum_{k \in I_{ij}} p_{ijk} x_{ijk}}{\sum_{k \in I_{ij}} p_{ijk} x_{ijk}} \qquad (4\text{-}2)$$

(4-1) 式の拡張マージンは、日本全体の輸出（$p_{mjk} x_{mjk}$）を用いて計算する、i県が実際に輸出している製品の集合（I_{ij}）が全ての輸出製品集合（I）に占めるシェアである。先の例における各地域の拡張マージンの大きさは、ケースⅠでは0.5、ケースⅡでは0.75である[11]。(4-2) 式の集中マージン

---

10) 文章では、各地域における輸出マージンを構築する方法を取る。別の方法としては、地域別データを活用して国レベルでの輸出マージンの指標を一つ計測することもできる。この後者の方法を取らない理由は、この地域別データを活用した指標が他の国に存在せず、日本の指標と比較する術がないからである。

11) 具体的な計算例として、ケースⅠのA地域の拡張マージンの計算は、$EM_{Aj} =$

は、i 県が実際に輸出している製品の集合（I_{ij}）に限定した、i 県の輸出が日本全体の輸出に占めるシェアである。先の例における各地域の集中マージンの大きさは、ケース I では 0.5、ケース II では 0.33 である[12]。いずれのケースにおいても、各地域の日本全体に占めるシェアである 0.25 は、拡張マージンと集中マージンを乗じたものになっている[13]。

　ここまで、各県の各マージン指標につき輸入国と同数の 226 指標が計算されているが、以下では、各県につき輸入国ウェイトによる幾何平均を利用する。ウェイト（a_{ij}）は i 県の総輸出における j 国のシェア（s_{ij}）と日本の総輸出における j 国のシェア（s_{mj}）の対数平均であり、(4-3) 式に示される通りである。

$$a_{ij} = \frac{s_{ij} - s_{mj}}{\ln s_{ij} - \ln s_{mj}} \Big/ \sum_{j \in J} \frac{s_{ij} - s_{mj}}{\ln s_{ij} - \ln s_{mj}} \qquad (4\text{-}3)$$

ただし、J は輸入国数の 226 を示す。(4-3) 式内のシェアはそれぞれ、次のように定義される。

$$s_{ij} = \frac{\sum_{k \in I_{ij}} p_{ijk} x_{ijk}}{\sum_{j \in J} \sum_{k \in I_{ij}} p_{ijk} x_{ijk}}, \quad s_{mj} = \frac{\sum_{k \in I_{ij}} p_{mjk} x_{mjk}}{\sum_{j \in J} \sum_{k \in I_{ij}} p_{mjk} x_{mjk}}$$

最終的に i 県の拡張マージンは、(4-4) 式のように定義される。集中マージンも同様である。

$$EM_i = \prod_{j \in J} (EM_{ij})^{a_{ij}} \qquad (4\text{-}4)$$

　輸入国間の加重付幾何平均を取るとき、EM_{ij} がゼロになる場合がある（すなわち、i 県の対 j 国輸出がゼロ）。このような場合、j 国に対する拡張マ

(30+30+0+0)/(30+30+30+30) となる。また、ケース II の C 地域の拡張マージンは、EM_{Cj} = (30+0+30+30)/(30+30+30+30) となる。
12) ケース I の A 地域の拡張マージンの計算は、IM_{Aj} = (15+15+0+0)/(30+30+0+0) となる。また、ケース II の C 地域の拡張マージンは、IM_{Cj} = (10+0+10+10)/(30+0+30+30) となる。
13) 国レベルでは同じように観測される場合でも、各地域は一製品に特化して 30 を輸出しているケース III と、各地域は全ての製品を 30/4 ずつ輸出しているケース IV も考えることができる。拡張マージンは、ケース III では 0.25、ケース IV では 1 であり、集中マージンは、ケース III では 1、ケース IV では 0.25 となる。

ージン（EM_{ij}）もウエイト（a_{ij}）もゼロに近づくと考えれば、$(EM_{ij})^{a_{ij}}$ の極限は1となり、(4-4) 式は i 県が正の値の輸出をする輸入国に限定した部分集合（J'）の加重付幾何平均に等しくなる[14]。

4-4 データの説明

　県別輸出データは、税関局の国際港別の貿易データベースより構築した。ここで国際港とは、広い意味で輸出申告の手続きがされる場所を意味する。税関は166の国際港（空港と税関支局も含む）について、HS 9桁分類別および仕向地国別に金額と数量を年次データとして公表している。具体的には、各港ごとに226カ国（地域）向けの7,772品目に関わる輸出データとなる。データは、中小規模の港に関しては一年に1ファイルとして、大規模港に関しては一年に複数のファイルとして公表される。したがって、全ての港についての輸出データは一年間で375ファイルとなる。一つの県が複数の国際港を持つ場合には、県ごとに集計した。また、前節で説明した輸出マージンの基準経済として、日本全体の輸出データも税関から入手した。

　輸出マージンを計測するため、1988年から2005年までの各港の輸出データを利用した。47都道府県の内6つが、国際港を持たないか、貿易の実績がゼロであった。これらは、群馬県・埼玉県・山梨県・長野県・岐阜県・奈良県である。栃木県は1998年から、滋賀県は1997年から輸出実績を報告している[15]。

　各県の就業者数は『国勢調査』のデータより得た。政府は国勢調査を5年ごとに行うため、本章での就業者数は1990年、1995年、2000年、2005年のも

---

14) 少ない品目だけ輸入している $\tilde{j}$ 国一国だけに輸出している i 県のような特殊なケースでは、(4-4) 式で定義されたウエイト付幾何平均は、実際の i 県の拡張マージンを過大に評価してしまう。この場合は、EM_{ij} は大きな値になり、輸入国集合（J'）も $\tilde{j}$ 一国だけしか含まないために EM_i も大きな値になってしまう。この現象は、全体で一度だけ生じている。具体的には、1997年の島根県のデータである。

15) 第1-1節の港データの集約の議論を参照。

のである。県内総生産のデータとしては『県民経済計算年報』が用いられ、本章の元となった研究が開始された時点に入手可能であった2004年までの毎年が用いられている。輸出マージンの推定式では、就業者数と県内総生産は、5年次データを用いる。2005年の輸出マージンを推定する際には、2005年の県内総生産の代わりに、2004年の県内総生産を用いた。

4-5 実証結果

4-5-1 輸出マージンの概観

　輸出県ごとに、日本全体に占める輸出シェア、拡張マージン、集中マージン、集中マージンの価格要因と数量要因を計測した[16]。結果の概観は、1990年を例として、補論4-2にまとめられている。第4列目に示された輸出シェアを見ると、大部分が一部の都道府県に集中していることが明らかにされる。第5列目の品目バラエティを示す拡張マージンと、第6列目の県輸出品目に限定した国内シェアを示す集中マージンを比較すると、集中マージンよりも拡張マージンの方がばらつきが大きい。

　拡張マージンに関しては、全ての県について18年間分を計測した。この期間の拡張マージンを比較することによって、41の都道府県を大きく4つのグループに分けることができる。図4-1から図4-4までは、各グループの拡張マージン（EM）の推移を示している。4つのグループの分類は以下の通りである。最初の年（1998年）において、高EMグループは拡張マージンが0.5以上であり、中間EMグループは0.1～0.5までであり、残りの二つのグループは0.1未満である。ただし、残りの二つのグループについては、期間中に拡張マージンが0.1を上回るものを低EMグループとし、0.1未満にとどまるものを最低EMグループとした。

---

16)　県ごとのこれらの指標は、日本全体を基準経済として計測されている。

図4-1　高 EM グループの拡張マージン

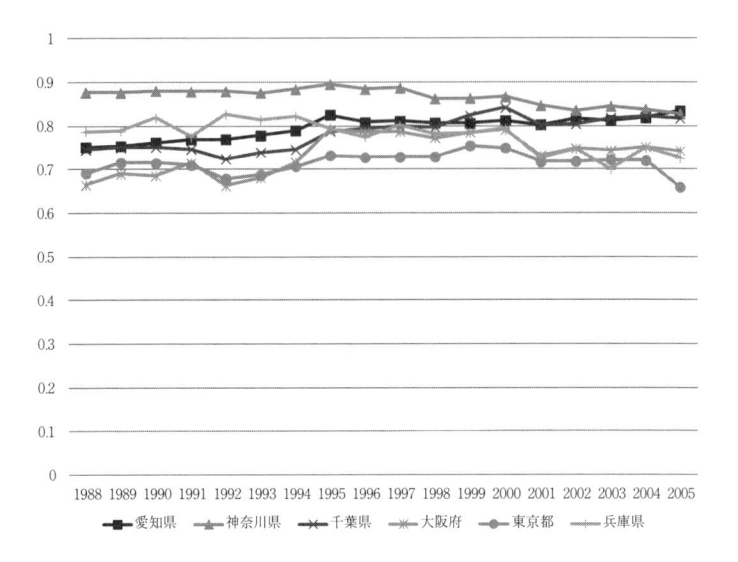

図4-2　中間 EM グループの拡張マージン

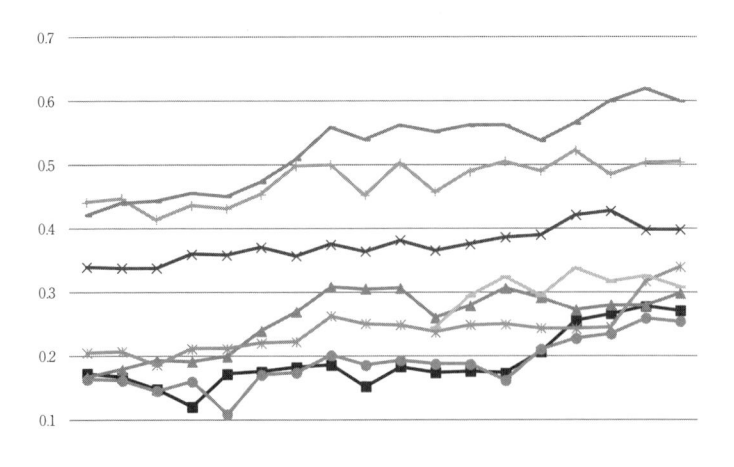

第4章 国際貿易と輸出マージン　85

図4-3　低 EM グループの拡張マージン

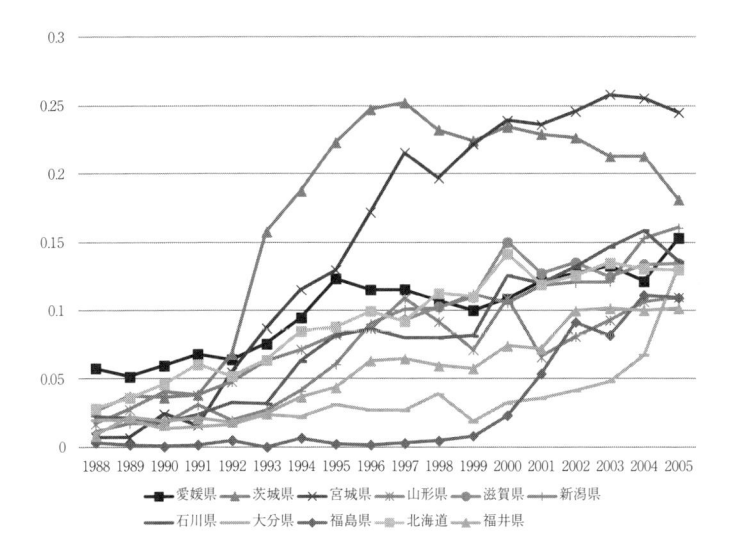

——愛媛県　——茨城県　——宮城県　——山形県　——滋賀県　——新潟県
——石川県　——大分県　——福島県　——北海道　——福井県

図4-4　最低 EM グループの拡張マージン

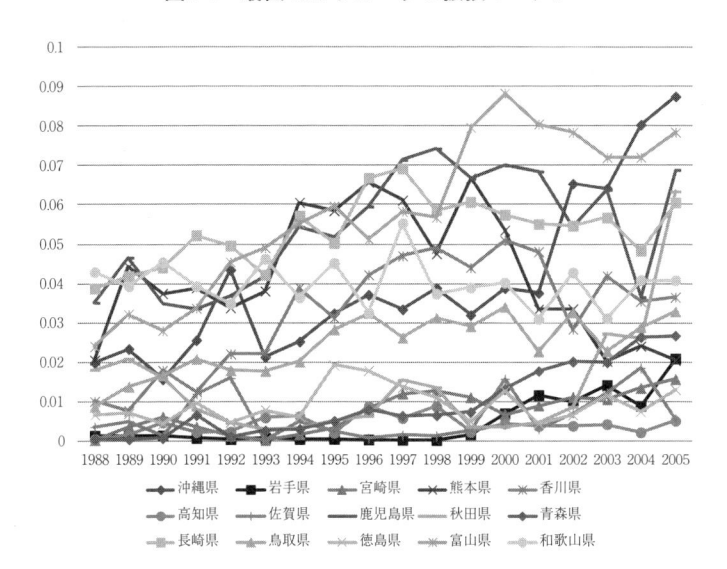

——沖縄県　——岩手県　——宮崎県　——熊本県　——香川県
——高知県　——佐賀県　——鹿児島県　——秋田県　——青森県
——長崎県　——鳥取県　——徳島県　——富山県　——和歌山県

表4-2　輸出バラエティの成長

拡張マージンの分類	県数 グループ内	県数 拡張マージンの拡大	県数 拡張マージンの縮小	1988年から2005年までの平均年次成長率
高EM	6	3	3	0.1%
中間EM	8	8	0	2.4%
低EM	11	11	0	13.2%
最低EM	16	13	3	8.3%
全体	41	35	6	7.3%

(注) 高EMは1988年の拡張マージンが0.5以上、中間EMは0.1以上0.5未満、低EMは0.1未満で2005年には0.1以上、最低EMは1988年でも2005年でも0.1未満にとどまる都道府県を指す。

　高EMグループと中間EMグループとはバラエティの拡大があまり見受けられなかったが、低EMグループと最低EMグループでは輸出バラエティの拡大が著しかった[17]。表4-2では、各グループのサンプル期間内で輸出バラエティが拡大した都道府県数とバラエティの平均年次成長率が示されている。バラエティが縮小した都道府県が観測されたのは、高EMと最低EMにおいてのみであることは注目すべき点である。高EMグループに属する都道府県は、既にHS9桁定義のほとんどの製品を輸出している。これらの都道府県が他都道府県からの厳しい競争にさらされた場合、輸出を停止する製品が出てくるのかも知れない。最低EMグループに属する都道府県の中には、港湾設備や地域流通システムを維持できなくなり、輸出能力が低下するケースもありうる。

4-5-2　輸出マージン推定式

　Hummels and Klenow（2005）では、様々な理論モデルを検討すること

---

17) 指数としての制限に注意すべきである。指数の計算上、既に拡張マージンが1に近い場合には、それ以上の拡大余地はほとんど残されていない。

で、輸出マージン指数が異なる値をとる理由が説明されている。Armington (1969) モデルでは、各国は一種類の財しか輸出しないので、そもそも拡張マージンという概念自体が存在しえない。一方、Armington モデルは集中マージンが経済規模に比例して大きくなることを示唆している。Armington モデルと対極にあるのが Krugman (1980) の差別化財モデルである。このモデルでは、拡張マージンは経済規模に比例して大きくなる。Hummels and Klenow (2005) は、これらの理論モデルから導出される仮説を検証するため、輸出マージン指数の説明変数として、就業者一人当たり GDP と就業者数を用いた推定式と、GDP だけを用いた推定式を、1995年の世界126カ国のクロスセクションデータを使い分析した。最も重要な結果は、経済規模の拡大に伴う輸出成長の60％が、拡張マージンの拡大に起因するということである。この結果に基づき、著者達は輸出成長の最大要因が輸出バラエティの拡大にあると結論した。

　世界を対象とするクロスセクション分析では、輸出成長の主要な部分がバラエティの拡大によってもたらされることが明らかにされているが、本章は同様な結果が国内のクロスセクション分析においても確認できるどうかを検証する。表4-3は輸出シェア、拡張マージン、集中マージンを被説明変数としたクロスセクション分析の推定結果を、1990年、1995年、2000年、2005年についてまとめて報告している。サンプル年は、就業者数を抽出した国勢調査の調査年に合わせたものである。最初の二つの年では39県、最後の二つの年では41県が用いられている。第一の特定化（上段）では、一人当たりの県内総生産（Y/L）と就業者数（L）を説明変数とし、第二の特定化（下段）では県内総生産（Y）を説明変数としている。

　第一の特定化をした拡張マージン指数の推定式では、一人当たり県内総生産の係数の推定値は全ての年で統計的に有意であり、Hummels and Klenow (2005) の世界諸国のクロスセクション分析の結果と整合的である。この結果は、所得の高い県ほどより多くのバラエティを輸出していることを示唆する。その一方で、集中マージン指数の推定式では就業者一人当たり県内総生

表4-3 輸出シェア、集中マージン、拡張マージン

被説明変数	1990 輸出シェア	1990 集中マージン	1990 拡張マージン	1995 輸出シェア	1995 集中マージン	1995 拡張マージン	2000 輸出シェア	2000 集中マージン	2000 拡張マージン	2005 輸出シェア	2005 集中マージン	2005 拡張マージン
Y/L	4.83***	−0.60	5.43***	5.62***	0.50	5.12***	4.96***	−0.39	5.35***	5.00***	0.34	4.66***
	(2.08)	(1.12)	(1.60)	(1.67)	(1.05)	(1.42)	(1.36)	(1.06)	(1.20)	(1.32)	(0.84)	(1.00)
L	2.80***	0.65**	2.14***	2.89***	0.97***	1.92***	2.67***	0.76***	1.91***	2.66***	0.98***	1.68***
	(0.51)	(0.27)	(0.39)	(0.40)	(0.25)	(0.34)	(0.33)	(0.25)	(0.29)	(0.32)	(0.20)	(0.25)
Adj. R²	0.51	0.20	0.48	0.62	0.33	0.48	0.66	0.21	0.54	0.67	0.41	0.57
Y	1.58***	0.77***	0.81***	1.51***	0.83***	0.68***	1.46***	0.83***	0.62***	1.44***	0.88***	0.56***
	(0.07)	(0.04)	(0.06)	(0.07)	(0.04)	(0.06)	(0.05)	(0.04)	(0.05)	(0.05)	(0.03)	(0.04)
Adj. R²	0.58	0.22	0.56	0.66	0.35	0.53	0.68	0.23	0.59	0.68	0.41	0.61

(注)全ての変数は自然対数による。輸出シェア、集中マージン、拡張マージンを被説明変数としている。都道府県のサンプル数は、1990年と1995年は39、2000年と2005年は41である。カッコ内の数値は標準偏差である。Yは日本全国のGDPに占める輸出都道府県のGDPシェアであり、Lは日本全国の就業者数に占める輸出都道府県の就業者数シェアである。2004年のGDPが用いられている。2005年の推定では、1%、5%、10%水準で統計的に有意な推定値は***、**、*の記号で示されている。

出所：港別輸出は財務省税関局ホームページ、都道府県別GDPは経済企画庁ならびに内閣府経済社会総合研究所「県民経済計算年報」、就業者数は総務省統計局「国勢調査」。

産の係数の推定値は全ての年で有意でなかった[18]。就業者数に関しては、拡張マージンの推定式の推定値は、Hummels and Klenow（2005）で得られた値と非常に近い。また、就業者数が多いと輸出シェアが高く、輸出成長が拡張マージンを起因とする割合が63％から76％までである[19]。

　県内総生産だけを説明変数とした第二の特定化では、最初の年（1990年）に拡張マージンが集中マージンよりわずかながら大きな要因となっている。その他の年では、拡張マージンの貢献度が近年になるほど低下傾向にあり、具体的には、1995年には45％、2000年には42％、2005年には39％である（表4-5参照）。ところが、輸出成長の要因として、拡張マージンが低下しているのはクロスセクション分析によるバイアスによる見せかけかもしれない。拡張マージンが輸出成長の主要な要因で、かつ各都道府県のバラエティも拡張していても、近年に各都道府県の拡張マージンが収斂していると、拡張マージンの効果を過小評価することがありえる（図4-1から図4-4まで参照）。

　拡張マージンの効果を正確に推定するため、全年のクロスセクションデータをプールしてパネルデータ分析を行った。パネルデータ分析の推定結果は表4-4に報告されている。推定式の当てはまりは、輸出シェアと拡張マージンで修正 R^2 の値が0.55から0.72までと比較的良好であるが、集中マージンでは低い修正 R^2 である。帰無仮説の下で、変量効果推定量が一致性を持つ Hausman 検定量が計算されている。10％の有意水準で Hausman 検定が帰無仮説を棄却しない場合のみ、変量効果の推定結果を報告している。輸出シェアについて推定された係数からは、県の相対的な就業者数（もしくは県内総生産）が1％上昇した場合には、その県の輸出シェアは2.9％（2.4％）上昇することが示されている。

　拡張マージンが輸出シェアに与える影響を明確にするために、表4-5に貢

18）　Hummles and Klenow（2005）と同様に、集中マージンの価格（品質）要因と数量要因を被説明変数とした推定も行っているが、本章の目的から外れるのでここでは報告しない。
19）　このパーセンテージは、拡張マージン推定式の係数を輸出シェア推定式の係数で割ったものである。

表4-4　輸出シェア、集中マージン、拡張マージンのパネルモデル推定量

	固定効果モデル			変量効果モデル		
	輸出シェア	集中マージン	拡張マージン	輸出シェア	集中マージン	拡張マージン
Y/L	3.83	0.64	3.19		-0.52	
	(2.97)	(2.11)	(2.53)		(1.97)	
L	2.90	0.92	1.98		0.85	
	(0.21)	(0.15)	(0.18)		(0.13)	
Adj. R^2	0.72	0.35	0.63		0.29	
Hausman	19.10	2.96	18.57			
Y	2.39	0.78	1.61	2.37	0.75	1.62
	(0.17)	(0.12)	(0.14)	(0.14)	(0.09)	(0.12)
Adj. R^2	0.70	0.34	0.61	0.64	0.29	0.55
Hausman	0.03	0.11	0.00			

(注)全ての変数は自然対数による。輸出シェア、集中マージン、拡張マージンを被説明変数としている。都道府県のサンプル数は、1990年と1995年は39、2000年と2005年は41である。カッコ内の数値は標準偏差である。Y は日本全国の GDP に占める輸出都道府県の GDP シェアであり、L は日本全国の就業者数に占める輸出都道府県の就業者数シェアである。2005年の推定では、2004年の GDP が用いられている。1%、5%、10% 水準で統計的に有意な推定値は ***、**、* の記号で示されている。

出所：港別輸出は財務省税関局ホームページ、都道府県別 GDP は経済企画庁ならびに内閣府経済社会総合研究所「県民経済計算年報」、就業者数は総務省統計局「国勢調査」。

表4-5　輸出成長に対する拡張マージンの貢献度

	1990	1995	2000	2005	パネル (90-05)
就業者数	76%	66%	72%	63%	68%
GDP	51%	45%	42%	39%	67%

(注)パーセントは表4-3と表4-4の推定値より計算。パネル(90-05)では、固定効果モデルの推定値を使用。

献度をパーセントで表示している[20]。パネルデータ分析の推定結果は、輸出成長が拡張マージンを起因とする貢献度を、就業者数を用いた場合には68％、県内総生産を用いた場合には67％であることを示している。一方で、一人当たり所得水準の効果は、パネルデータ分析では統計的に有意でなくなった。クロスセクション分析とパネルデータ分析の両方の結果を合わせると、近年における各県の輸出マージンの収斂がクロスセクション分析における拡張マージン効果を過小推定したと考えられる。

4-5-3　頑健性の確認

前節までの輸出マージン指数の計測の方法は、基準経済を各年の日本全体の輸出としたため、時系列的に基準が変化していることが問題である。Feenstra and Kee（2008）はこの問題の対策として、全ての年のデータを集計することで、全ての年に共通の基準経済を作成した。本節でも、全ての年に共通の基準経済を用いた輸出マージンを再計算した。まず全ての輸出製品の集合（I）は、全ての年における日本全体の輸出製品の和集合とした。そして、共通の基準経済は、全ての年における日本全体の輸出を集計することで作成された。このように再計算された輸出マージンでは、拡張マージンがわずかに小さくなり、県間の格差が少しだけ縮小された。この再計測された輸出マージンを用いたパネルデータ分析の再推定をした結果、以前の推定結果と非常に近いものが得られた。拡張マージンの要因度は、就業者数を用いた場合は76％であり、県内総生産を用いた場合は66％であった。

4-6　結　論

Hummels and Klenow（2005）は、一国の輸出成長の主要な要因は拡張マージンであることを示した。本章では、拡張マージンの重要性が国内の地域

---

[20]　表4-5のパーセンテージの計算においては固定効果モデルの推定係数を用いている。

輸出にも同様に当てはまるかを検証した。主要な結論は次の三点である。第一に、輸出種類の多さに地域格差があることが示された上で、多くの地域の拡張マージンが拡張傾向にあることが指摘された。第二に、経済規模が大きいほど輸出が大きくなるが、その要因の67％が拡張マージンにあることが示された。第三に、輸出バラエティの拡張効果を正確に捉えるためには、パネルデータ分析の推定方法を用いることの重要性が指摘された。本章の分析結果から、先行研究における単年度のクロスセクション分析は、拡張マージンの要因度を過小推定していた可能性が指摘された。

これらの結果を解釈するにあたり注意すべき点もある。本章ではHummels and Klenow（2005）の実証的アプローチを踏襲した。しかし、拡張マージンと所得水準の高い相関は、拡張マージンが経済成長をもたらす逆の因果性である可能性をFeenstra and Kee（2008）が指摘している

拡張マージンが両極端のグループでは、拡張マージンが減少している都道府県もあることが確認された。高EMグループの県では、既に多くの製品を輸出しており、製品の中で今後の利益が見込まれない場合、輸出を停止することも考えられる。一つの例として、東京都は、1989年の40,286工場から2004年の21,035工場に減少している[21]。東京都は、高EMグループに属して拡張マージンが低下傾向にある三つの都道府県の内の一つである。

一方で、他のEMグループには、拡張マージンが顕著な伸びを示した都道府県もある。例えば、中間EMグループの福岡県の拡張マージンは1988年の0.42から2005年には0.60に成長している。Melitz（2003）のモデルの論理に従うと、これらの県では、新たな技術の導入により、生産性を高めた新規の輸出企業が台頭してきたことが考えられる。そうであれば、これらの都道府県の輸出バラエティ（差別化財を輸出する輸出企業の数）が増加する。

また、この結果は、輸出に関する生産が国内で拡散傾向にあることを示し

---

[21] この数値は、4人以上の従業員のいる製造拠点に関してのデータを集計している経済産業省の工業統計表を用いている。東京都からの製造業の出荷額は、1989年の18.6兆円から2004年の11.2兆円に減少している。

ている。Krugman and Elizondo（1996）での保護水準の低下や、Behrens et al.（2007）での国際貿易費用の著しい低下は、生産が国内に拡散することが示されている[22]。本章の対象期間において国際的貿易費用が低下傾向にあったとすれば、本章の実証結果がこれらの理論の予測を支持したことになる[23]。

本章の実証結果の解釈および推定方法の限界には注意点が必要である。第一に、ある都道府県で生産された製品は必ずしもその都道府県の国際港から輸出されるとは限らない。隣接している都道府県では、出航の頻度や仕向け先国のルートに関して有利な条件を提供できる国際港を有しているかもしれない。しかし、各都道府県が複数の国際港を有している状況を鑑みると、生産している都道府県から輸出を行うことの優位性はあり、他都道府県からの輸出は限定的であると考えられる。41県の国際港の平均数は、4.05港である（補論4-2）。第二に、本章ではデータの情報を完全に活用していない。現在の輸出マージン指数は輸出の重要な側面をとらえているが、それ以上に多くの情報が指数の計測の最中に捨てられている。第三に、本章の日本の分析結果を他国と比較することが非常に困難である。この実証分析では、通常の実証研究より非常に膨大かつ詳細なデータ量を必要とする。多くの国では、そのような詳細なデータが存在しない。また、データがあったとしても、この研究で提唱された輸出マージン指数の計算には非常に複雑な作業を要求される[24]。

---

[22] 別の理論的な説明としては、国内地域間の比較優位の違いに注目した研究もある。Romalis（2004）は、ある製品の大きなシェアを獲得している国は、その製品の生産において豊富な生産要素をより集約的に用いていることを、理論的にも実証的にも示した。Kamata and Yang（2007）は、Romalisのモデルを拡張して、拡張マージンと比較優位性の関係を示した。この研究に当てはめると、東京都に関しては、労働と土地を集約的に用いる製品の製造から撤退したことが考えられる。

[23] Hummels（2007）によって、国際貿易の費用が低下してきていることが示されている。Hummelsは空輸における技術進歩と、高速海上輸送の費用低下によって国際輸送費用が低下したので、国際貿易費用も著しく低下したことを指摘している。

[24] Kang and Lee（2013）が本章の元論文であるYoshida（2011）を引用して、韓国19地域について同様の実証分析を行っている。

本章の分析が示した最も主要な結論は次のとおりである。国単位の輸出バラエティは、製品次限だけではなく、国内地域次元でも計測することが重要である。本章の分析が示した輸出バラエティが多くの地域で増加していることから、製品・地域両次元で計測する輸出バラエティは、製品次元のみを計測した先行研究が示した以上に拡大していることが考えられる。

　最後に、Feenstra and Kee（2008）は、輸出バラエティの拡大は生産性の上昇につながることを示している。本章では、バラエティの拡大は、発展が遅れている地域（低EM ならびに最低EM グループ）でも享受されていた。これは、発展途上国における国内地域間の所得格差を是正する政策として重要な含意がある。発展途上国における輸出志向の政策は全ての国内地域を発展させうる可能性があり、貧しい地域により高い成長を達成させることもあ

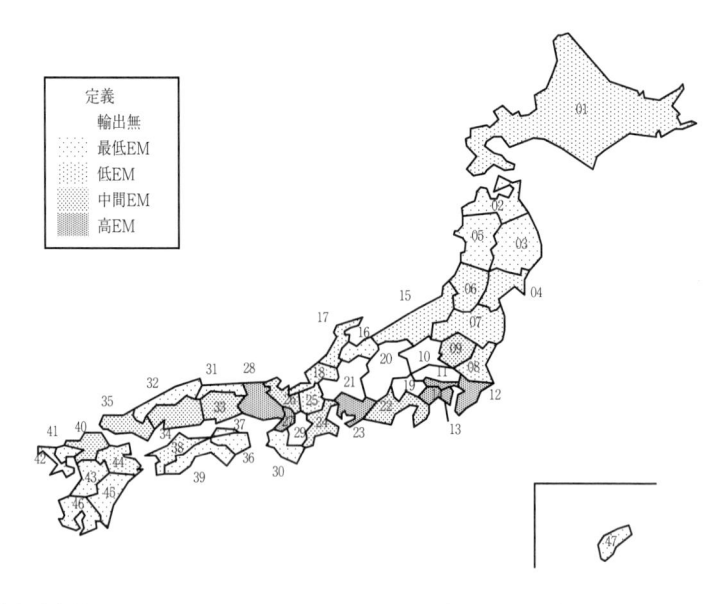

補論4-1　各都道府県の拡張マージン

（注）各都道府県は以下4つのEM グループに分けられる。高EM は1988年の拡張マージンが0.5以上、中間EM は0.1以上0.5未満、低EM は0.1未満で2005年には0.1以上、最低EM は1988年でも2005年でも0.1未満にとどまる都道府県である。

りえる。これを実現するためには、輸出志向政策と並行して貧しい地域の国際港の整備をすることが重要である。

補論4-2　1990年における各都道府県の輸出マージン指数

PN	都道府県	港数	輸出シェア	拡張マージン	集中マージン	価格(IM)	数量(IM)
14	神奈川県	3	0.19847	0.8804	0.2254	0.9976	0.2260
23	愛知県	4	0.14280	0.7623	0.1873	1.0450	0.1793
28	兵庫県	5	0.13391	0.8185	0.1636	0.9818	0.1666
12	千葉県	4	0.12669	0.7514	0.1686	1.6506	0.1021
13	東京都	2	0.11950	0.7151	0.1671	1.0494	0.1593
27	大阪府	5	0.07084	0.6856	0.1033	1.1073	0.0933
34	広島県	7	0.03161	0.3387	0.0933	1.0056	0.0928
40	福岡県	7	0.03026	0.4431	0.0683	1.0074	0.0678
22	静岡県	3	0.02861	0.4145	0.0690	1.1247	0.0614
24	三重県	3	0.01468	0.1862	0.0788	1.0312	0.0764
35	山口県	9	0.01137	0.1457	0.0781	0.9537	0.0819
33	岡山県	3	0.00823	0.1481	0.0556	1.0040	0.0554
26	京都府	3	0.00392	0.1934	0.0203	1.3925	0.0146
38	愛媛県	6	0.00343	0.0598	0.0574	0.9184	0.0625
30	和歌山県	3	0.00315	0.0454	0.0693	0.9891	0.0701
8	茨城県	4	0.00306	0.0364	0.0839	0.8709	0.0963
1	北海道	17	0.00149	0.0462	0.0324	1.2212	0.0265
44	大分県	5	0.00124	0.0133	0.0932	0.9833	0.0948
42	長崎県	7	0.00095	0.0441	0.0216	1.5972	0.0135
46	鹿児島県	6	0.00056	0.0349	0.0159	2.4634	0.0065
37	香川県	5	0.00056	0.0179	0.0311	0.9686	0.0321
18	福井県	4	0.00055	0.0195	0.0283	1.2931	0.0219
31	鳥取県	2	0.00048	0.0166	0.0291	1.3876	0.0210
16	富山県	2	0.00031	0.0280	0.0112	1.4368	0.0078
39	高知県	2	0.00031	0.0047	0.0658	1.4296	0.0460
36	徳島県	2	0.00028	0.0045	0.0610	0.8812	0.0693
47	沖縄県	5	0.00027	0.0156	0.0171	0.5668	0.0301
43	熊本県	5	0.00022	0.0375	0.0059	1.6038	0.0037
6	山形県	1	0.00021	0.0411	0.0051	1.7474	0.0029
15	新潟県	4	0.00015	0.0177	0.0083	2.5082	0.0033
4	宮城県	4	0.00013	0.0244	0.0054	2.9335	0.0018
3	岩手県	3	0.00012	0.0014	0.0831	0.8014	0.1037
17	石川県	3	0.00009	0.0184	0.0047	1.5296	0.0030
32	島根県	1	0.00006	0.0009	0.0647	1.0128	0.0639

5	秋田県	4	0.00005	0.0159	0.0028	1.0799	0.0026
2	青森県	3	0.00004	0.0007	0.0627	0.8075	0.0776
41	佐賀県	2	0.00004	0.0012	0.0317	0.5845	0.0543
45	宮崎県	3	0.00003	0.0062	0.0043	2.2056	0.0019
7	福島県	3	0.00001	0.0004	0.0132	1.0782	0.0123

(注)全ての変数は1990年の数値である。PNは補論4-1の地図に対応している。港数は、都道府県内の国際港の数である。輸出シェアは、日本全国に占めるシェアであり拡張マージンと集中マージンの積でもある。バラエティ指標としての拡張マージンは（4-4）式から計算されている。集中マージンは（4-2）式から計算され、価格要素（価格（IM））と数量要素（数量（IM））に分解できる。詳しい説明は、Hummels and Klenow（2005）を参照せよ。

第 5 章
産業内貿易と垂直的特化
――産業内貿易、フラグメンテーション、
輸出マージン：国内地域の国際貿易の実証分析――

5-1 はじめに

　最近20年間において産業内貿易の重要性がさらに高まったことは良く知られている。例えば、東アジアにおける域内貿易の急速な高まりには、近年の産業内貿易の発展が大きく寄与している（Murshed, 2001; Kimura, Takahashi, and Hayakawa, 2007）。Murshed（2001）はアジア諸国における製造業貿易に占める産業内貿易の比率が1980年から上昇していることを指摘している。Kimura et al.（2007）では、1987年から2003年の間、東アジアの機械部品の貿易が1,000％も成長したことが観測されている。

　さらに、Kimura et al.（2007）は、東アジアの部品貿易の成長がArndt and Kierzkowski（2001）が主張したフラグメンテーション（fragmentation）、すなわち生産過程の国際的な分業化によるものだとしている。フラグメンテーションとは、企業が生産全体の一連の過程を分業化して、各生産過程を異なる国において行うことを指している。その結果、資本が相対的に豊富な国は、労働が相対的に豊富な国へ部品や中間財を輸出して、その部品を用いて組み立てられた完成品を、再び輸入をすることもあり得る。

　生産の国際的な分業化によって生じる産業内貿易は必然的に垂直的な関係になるが、消費者のバラエティに対する選好から生じる産業内貿易は水平的になる（Krugman, 1974; Lancaster, 1980）。また、Hummels, Ishi, and Yi（2001）は産業連関表を用いて、垂直的産業内貿易と密接な関係にある垂直的特化（輸入財を用いて生産した財を輸出すること）の実証的な分析を行った。この垂直的特化が複数の国にまたがって生じる場合は、生産のグローバ

ル・チェーン化に応じた各国の付加価値を計測することが重要になってくる（Koopman et al., 2011）。

　垂直的産業内貿易を計測する一つの方法として、輸出と輸入の単位価格（unit value）の比率が一定水準を超えたもの（すなわち価格差が大きいもの）を、垂直的と定義することが提案されている（Greenaway, Hine, and Milner, 1994）。しかし、垂直的産業内貿易は生産のフラグメンテーション以外の理由からも生じることがある。消費者は、同一製品であっても異なる品質を選べることから便益を享受する（Flam and Helpman, 1987）。高い所得水準の国は高品質の製品を輸出して、低品質の製品を輸入することになる。これらの理論はいずれも垂直的産業内貿易と整合的なので、観測されている垂直的産業内貿易がフラグメンテーションによるものか、消費者の異なる品質に対する選好によるものかは判別できない。

　フラグメンテーションの度合いを捉える直接的な方法は、企業レベルのデータを用いることである。企業レベルのデータが利用可能であれば、二つの貿易フローのマッチングが可能になり、貿易フローがフラグメンテーションによるのか否かの識別が可能となる。しかし、企業レベルのデータは入手困難であり、また利用できても一国経済の貿易全てを網羅できない。したがって、本章では国内地域別に分割した貿易フローを用いた分析を提案する。この方法によって計測された産業内貿易は、必然的にフラグメンテーションによって生じた産業内貿易を捉えたことになる（図5-1ならびに第5-2-1節参照）[1]。

　本章の最も重要な貢献の一つは、アジア地域におけるフラグメンテーションと垂直的特化の新しい実証結果を提供することにある。これらの計測に関しては、国内地域に限定した産業内貿易指標を代理変数として用いる[2]。

---

[1]　国内地域の貿易を用いた方法は、企業レベルの貿易を用いた方法よりも有利な点もある。国内地域の貿易を用いると、都市の産業クラスターにおける産業内貿易を捉えることが出来る。しかし、企業レベルの貿易を用いた方法によると、貿易フローが同じ地域内の別の関連企業から発生している場合は、これを産業内貿易として捉えることが出来なくなる。

[2]　垂直的特化において、生産に用いる輸入財の産業は輸出される産業と同一でなくて良いこと

図5-1 地域レベルの産業内貿易

パネル(a): 国レベルのIITあり，地域レベル IITなし

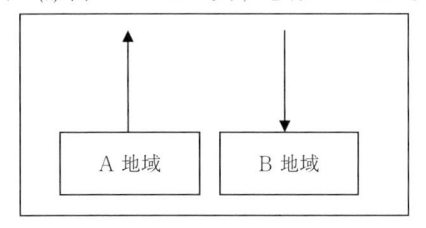

```
    ↑         ↓
┌─────────┐ ┌─────────┐
│  A 地域  │ │  B 地域  │
└─────────┘ └─────────┘
```

パネル (b): 国レベルIITも地域レベルIITもあり

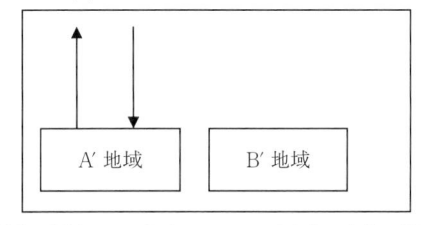

```
    ↑  ↓
┌─────────┐ ┌─────────┐
│  A' 地域 │ │  B' 地域 │
└─────────┘ └─────────┘
```

(注)矢印は同じ産業の製品の貿易フローを示している。上向きの矢印は地域からの輸出、下向きの矢印は地域への輸入を示している。

多くの先行研究は、アジアの国際貿易を説明するのに、フラグメンテーションと垂直的特化の重要な役割を強調してきた。例えば、東アジアの垂直的産業内貿易を分析したAndo（2006）では、東アジア域内の国際的生産分業であるフラグメンテーションが、東アジアの高い垂直的産業内貿易をもたらしていると説明している。また、Athukorala and Yamashita（2006）では、アジアの垂直的特化は、アジア諸国の最終財貿易における域外依存を高めたことを指摘している。さらに、垂直的特化の計測方法を新たに提案したAmador and Cabral（2009）は、世界の中でも特に東アジア地域の垂直的特化が顕著であり、かつ拡大していることを示した。本章の目的は、伝統的な産業内貿易の分析を国内地域に応用することで、アジア地域のフラグメンテ

に留意されたい。そのため、本研究のように国内地域の産業内貿易を用いた場合には、輸入財も同じ産業に限定されるために、垂直的特化は通常より狭い定義になっている。

ーションと垂直的特化に関して、新たな見識を得ることにある。

　本章の分析では、財務省税関局が提供する日本の国際貿易データを活用している。税関局のデータは、9桁分類コードを用いて、輸出に関してはおよそ7,000品目、輸入に関してはおよそ8,000品目に分類されている。9桁コードの最初の6桁部分に関しては、(Harmonized System、HS)の国際基準コードを用いている。日本全体の国際貿易のデータに加えて、税関局は国際港別の詳細なデータを提供している。本章では、この国際港別データを都道府県別に集計することで、県レベルの国際貿易データベースを構築した。47都道府県の中には、国際港を所有していないか、国際貿易の実績がない場合があり、41県のデータベースとなっている3)。ここで、都道府県はあくまでも行政的な区分であり、経済地域単位が隣接する二つの県にまたがることがあることには留意したい。しかし、都道府県は十分に大きな単位であり、産業クラスターは県内に収まることの方が多い。サンプル期間は、1988年から2006年までの19年間である。

　本章の実証分析における特徴的な点として次の二つが挙げられる。第一に、日本の貿易相手国としては、2006年時点で対日産業内貿易が最も高い国の一つであり、かつアジアに位置する、韓国に焦点をあてる。対韓国貿易において、県別データを用いて産業内貿易を計測した場合でも、多くの都道府県において高い産業内貿易が観測された。第二に、本章の実証分析では、拡張マージンと集中マージンを産業貿易の説明変数として新たに導入する（拡張マージンと集中マージンの定義に関しては第4章参照）。先行研究では、国内総生産や一人当たりGDPの二国間差が、産業内貿易の説明変数として広く用いられてきた。

　すなわち、国際貿易の実証研究における二つの異なる概念である産業内貿

---

3)　これらの41県は、北海道、青森県、岩手県、宮城県、秋田県、山形県、福島県、茨城県、栃木県、千葉県、東京都、神奈川県、新潟県、富山県、石川県、福井県、静岡県、愛知県、三重県、滋賀県、京都府、大阪府、兵庫県、和歌山県、鳥取県、島根県、岡山県、広島県、山口県、徳島県、香川県、愛媛県、高知県、福岡県、佐賀県、長崎県、熊本県、大分県、宮崎県、鹿児島県、沖縄県である。

易と輸出マージンが本章では統合して分析される。具体的には、次の二つの仮説を検証する。第一に、ある県の差別化財貿易がネットで輸出超過であれば、その県の集中マージンの上昇は、その県と韓国との産業内貿易を低下させる。第二に、新規財の輸出が既存の輸入財と同じ製品・産業であれば、拡張マージンの上昇は産業内貿易を上昇させる。本章の実証結果からは、この二つの仮説と整合的な結果が得られた。

本章の構成は以下の通りである。第5-2節では、Grubel-Lloydの産業内貿易指数とHummels-Klenowの輸出マージン指数について、特に国内地域の観点から基本的な概念を説明する。第5-3節では、最近20年の日本の国際貿易の展開を概観する。第5-4節では、日本と韓国の貿易を分析するにあたり、県レベルでの産業内貿易と拡張マージンの詳細な計測を行う。第5-5節では、国内地域と韓国との産業内貿易の決定要因を解明するにあたり、伝統的な説明変数に加え、輸出マージンを検討した実証分析を行う。第5-6節では、実証結果を検討して、本章の結論を述べる。

5-2　産業内貿易と輸出マージン

本節では、国内地域レベルにおける、産業内貿易と輸出マージンの主要概念を明確にし、それぞれの指標を定義する。その後、産業内貿易と輸出マージンの関係について、検証可能な二つの仮説を提示する。

まずこれらの指標を定義する前に、本章で使用する用語である、産業・品目・バラエティを正確に定義する必要がある。国際貿易の実証研究における産業・品目の定義は、どのような研究であれ、用いるデータの詳細度に依存する。本章では、HSコードの9桁分類を用いる[4]。9桁分類による区分の程度を示す例としては、乗用車がエンジンの大きさによって6つの品目に区

---

4)　厳密には、産業内貿易指数の計測に関しては6桁分類に基づいて行われている。これは、9桁コードに関しては、財務省税関局が同一製品に関しても輸出と輸入で異なるコードを振り分けているからである。

分されている。本章では、産業と品目の用語は区別せずに、9桁分類データを産業もしくは品目として相互互換的に用いる。バラエティの定義としては、ある産業（品目）内の製品差別化された製品を指すこととする。バラエティの具体的なイメージとしては、同じエンジンの大きさの乗用車の異なるモデルを考えてもらうと良い。したがって、バラエティの増加はある品目内の種類が増えることであり、その（9桁分類の）品目の貿易量の増加に直結することに留意したい。

5-2-1　国内地域における Grubel-Lloyd 産業内貿易指数と産業内貿易の伝統的決定要因

産業内貿易が国際貿易の大きな部分を占めることが多くの先行研究によって示されてきた。また、Kimura et al.（2007）では部品・中間財貿易が国際貿易の大部分を占めることが指摘されている。国際貿易に占める産業内貿易の割合を捉えるためには、各産業において輸出と輸入がどの程度重複するかを調べる必要がある。標準的な産業内貿易の指標は、Grubel and Lloyd（1975）によって提唱された Grubel-Lloyd 指数である[5]。本章においては、先行研究と比較できるように、標準的な Grubel-Lloyd 指数を用いることとした。h 国と j 国の k 産業貿易に占める産業内貿易のシェアは次の式で与えられる。

$$IIT_{hjk} = \frac{2\min(X_{hjk}, X_{jhk})}{X_{hjk} + X_{jhk}}$$

ただし、X_{hjk} は h 国から j 国への k 産業の輸出額である。このシェアを全ての産業（産業数 = K）に関して集計すると、以下の通り、h 国と j 国間の産業内貿易指数が得られる。

---

[5]　この Grubel-Lloyd 指数に修正を加えることで、貿易不均衡（Balassa, 1986; Bergstrand, 1983）、動学的変化、輸出価格と輸入価格の相対価格、等の効果を取り込む補正がされてきた、Helpman（1987）、Loertscher and Wolter（1980）、Hummels and Levinsohn（1995）も参照。しかし、実証研究において、元の Grubel-Lloyd 指数は産業内貿易を捉えるのに十分に有益である。

$$IIT_{hj} = \frac{\sum_{k=1}^{K} 2\min(X_{hjk}, X_{jhk})}{\sum_{k=1}^{K} (X_{hjk} + X_{jhk})} \quad (5\text{-}1)$$

　これを、都道府県と外国との産業内貿易に応用する場合には、X_{ijk} が i 県から j 国への k 産業の輸出額となる。県レベルで計測された産業内貿易は、通常の国レベルの産業内貿易より、フラグメンテーションによる貿易を捉えやすい。

　この点を明確にするために、簡単な例として二地域から成る国を考えてみる（図5-1）。全ての矢印は、同産業における貿易フローを表している。上向きの矢印は国内地域からの輸出を示し、下向きの矢印は国内地域への輸入を示している。貿易額は全ての矢印で同じだとしている。国レベルで計測される伝統的な Grubel-Lloyd 産業内貿易指数を用いると、(a)、(b) いずれでも指数の値は1となる。しかし、国内地域レベルで計測する Grubel-Lloyd 指数では、産業内貿易指数は A 地域、B 地域、B′地域において0となり、A′地域においてのみ1となる。国際貿易を国内複数地域に分割することによって、双方向の貿易フローは A′地域のみに限定されるので、国全体における計測より、単一企業やグループ企業に関連した双方向の貿易フローを捉えやすくなる。このため、A′地域で計測される産業内貿易を Arndt and Kierzkowski（2001）が提唱したフラグメンテーションに結び付けることが可能になる。ただし、A′地域においてもフラグメンテーションが必ずしも生じているとは限らない。例えば Flam and Helpman（1987）が示唆した垂直的製品差別化のように、ある企業が低品質のバラエティを輸入する一方で、同地域の全く別の企業が高品質のバラエティを輸出することも考えられる。いずれにしろ、パネル（a）に関しては、地域レベルでは産業内貿易が存在しないのに、国レベルでは産業内貿易が観測されるというバイアスが存在する。本章の研究方法では、このバイアスを回避することができる。

　国内地域の産業内貿易の正式な定義は、h 国を h 国内の i 地域に置き換えることで表される。

$$IIT_{ij} = \frac{\sum_{k=1}^{K} 2\min(X_{ijk}, X_{jik})}{\sum_{k=1}^{K} (X_{ijk} + X_{jik})} \quad (5\text{-}2)$$

ただし、X_{ijk} は i 地域から j 国への k 産業の輸出額である。(5-2) 式のように K 産業全体に集計すると、i 地域と j 国間の地域別産業内貿易指数が得られる。

　産業内貿易の決定要因は多くの理論モデルから説明が可能である。Krugman (1979) が主張したように、バラエティに対する選好 (love of variety) から、消費者は同品質だが水平的に製品差別化された財を、自国企業と外国企業の両方から需要する。同様に、Flam and Helpman (1987) が提唱したように、消費者は同製品でも異なる品質を選択できることから高い効用を享受する。また、Jones (2000) や Arndt and Kierzkowski (2001) が指摘したように、多国籍企業は生産過程を国際的に分業化し、各生産過程の生産要素比率と各国の要素賦存比率を対応させることで効率的な生産が可能になる。

　また、Heckscher-Ohlin 貿易モデルが予測する二国間の生産要素比率と貿易量との関係とは異なり、産業内貿易は、二国間の同質性が高いほど水平的産業内貿易は高くなる (Krugman, 1979 と Lancaster, 1980)。最近数十年におけるアジア諸国の高い経済成長率によって、日本とアジア諸国の経済同質性は高まったと言える。したがって、アジア諸国の経済成長は、日本との水平的産業内貿易を拡大したと考えられる。一方で、アジア（中南米、ならびに東欧諸国も）の新興国は、先進国からの直接投資を受け入れ、企業内貿易や垂直的産業内貿易を拡大してきた。

　産業内貿易の標準的な回帰式を、国内地域の産業内貿易に当てはめて、次の回帰式を推定する。

$$IIT_{ijt} = \alpha_i + \beta_1 GDP_t^j + \beta_2 GDP\_PREF_{it} + \beta_3 DGDPPC_{it} + \varepsilon_{it} \quad (5\text{-}3)$$

ただし、IIT_{ijt} は t 年の i 県と j 国の (5-2) 式で定義された国内地域の産業内貿易指数である。GDP_t^j は t 年の j 国の日本円建に換算された GDP であ

表5-1 生産地域の集中と拡散

	ケースⅠ						ケースⅡ				
	地域						地域				
製品	A	B	C	D	国計	製品	A	B	C	D	国計
1	15	15			30	1	10		10	10	30
2	15	15			30	2	10	10		10	30
3			15	15	30	3	10	10	10		30
4			15	15	30	4		10	10	10	30
計	30	30	30	30		計	30	30	30	30	

(注)第4章の表4-1参照。

り、GDP_PREF_{it} は t 年の i 県の県内総生産であり、$DGDPPC_{it}$ は j 国と i 県の一人当たり GDP の差である。

5-2-2　国内地域の Hummels-Klenow 輸出マージン指数

国際貿易の実証研究分野で、近年とても重視されてきた概念が輸出マージンである。Feenstra（1994）によって提唱された概念に基づき、Hummels and Klenow（2005）が一国の輸出製品の多様性を計測した。彼らは、国の輸出シェアを拡張（extensive）マージンと集中（intensive）マージンに分解した[6]。拡張マージンは輸出製品の種類の数を計測する一方、集中マージンは既に輸出している製品に限定した規模を計測する。

輸出マージン指数を厳密に定義する前に、国内地域の輸出を分析する重要性を明らかにする。そのために、表5-1の次の二つのケースを検討する。4地域（A、B、C、D）から成る国があり、国全体で4製品（1、2、3、4）を輸出している。いずれのケースも、行には各製品の輸出を、列には各地域の輸出を示している。一番下の行には各地域の総輸出額が、一番右の列には各製品の総輸出額が示されている。留意すべき点は、いずれのケースでも国全体、各地域、各製品の輸出総額は同じであることである。すなわち、

---

6) Broda and Weinstein（2006）と Feenstra and Kee（2004）も参照のこと。

国レベルでの観測はもちろんのこと、地域別かつ製品別の観測ができない限り、観測者は二つのケースを全く同一の経済構造であると判断してしまう。

しかし、地域別かつ製品別のデータが入手可能になった場合、ケースⅡの方が、より多くの地域から輸出していることが明らかになる。また、ケースⅠの各地域は全体の半分の製品に特化している一方、ケースⅡの各地域は全体の4分の3種類を輸出している。同産業でも、異なる地域で生産された製品は差別化された財（バラエティ）であると認識すれば、ケースⅡの方がより多くの種類のバラエティを輸出している。

Hummels and Klenow（2005）の方法に従い、県輸出の拡張マージン指数と集中マージン指数を計算する。これらの都道府県レベルの指数は、日本全体の輸出を基準として計算される。まず、Grubel-Lloyd 指数を計算した時と同様に、i 県から j 国向けの k 製品の輸出額を X_{ijk} で表す。輸出マージン指数を計算するためには、基準経済（m）を定義する必要がある。Feenstra（1994）では前年の経済が用いられ、Hummels and Klenow（2005）では世界全体の経済が基準経済として用いられた。第4章と同様に、国内地域別の分析をする本章では、日本全体を基準経済（m）とする。

I_{ij} は i 県が j 国向けに実際に輸出を行っている製品の集合であり、すなわち集合 I_{ij} に含まれる製品に関しては、$X_{ijk}>0$ である。I は全ての製品を含んだ全集合である。拡張マージンと集中マージンは、それぞれ（5-4）式と（5-5）式と定義される。

$$EM_{ij} = \frac{\sum_{i \in I_{ij}} X_{mjk}}{\sum_{i \in I} X_{mjk}}; \qquad (5\text{-}4)$$

$$IM_{ij} = \frac{\sum_{i \in I_{ij}} X_{ijk}}{\sum_{i \in I_{ij}} X_{mjk}}. \qquad (5\text{-}5)$$

拡張マージン（EM_{ij}）は、日本全体の輸出額を（分子、分母ともに）用いて計算する、i 県が輸出している製品のシェアである。集中マージン（IM_{ij}）は、i 県が輸出している製品に限定した上（$i \in I_{ij}$）での、日本全体に占め

る i 県の輸出総額のシェアである[7]。

　拡張マージンは、ケースⅠでは0.5となり、ケースⅡでは0.75となる。集中マージンは、ケースⅠでは0.5となり、ケースⅡでは0.33となる。いずれのケースでも、各地域の輸出シェアである0.25は、拡張マージンと集中マージンを乗じることで得られる[8]。

5-2-3　拡張マージンと集中マージンが産業内貿易に与える影響

　Grubel-Lloyd 指数が高い数値になるためには、都道府県が幅広い産業について貿易している場合、それら全ての産業において輸出入の貿易額が同程度である必要がある。しかし、Grubel-Lloyd 指数は、都道府県が少数の産業に集中している場合でも、輸出入の貿易額が同じ程度の大きさであれば、高い数値が得られるようになっている。Grubel-Lloyd 指数の高い数値だけでは、産業構造に関する追加的な情報を得ずに、高い産業内貿易を生じさせている要因を明確にできない。

　本章では、都道府県レベルの産業内貿易の決定要因に関して、二つの新たな仮説を提唱する。第一に、(5-5) 式で定義されている集中マージンの増加、すなわち既存の産業における輸出額の増加は、産業内貿易を低下させる。第二に、(5-4) 式で定義されている拡張マージンの増加、すなわち新規産業の輸出の開始は、産業内貿易を増加させる。以下でこの仮説の理論的背景を考察する。

　一つ目の仮説では、Helpman (1987) の理論モデルから、集中マージンが産業内貿易に与える影響が導き出せる。Helpman (1987) の2国（同質財と差別化財の）2産業2要素の Heckscher-Ohlin 型のモデルでは、Grubel-Lloyd 指数は次のように示すことができる。

---

[7]　第4章では複数の貿易相手国を考察していたので、(4-4) 式のように幾何平均を取る必要があったが、本章では貿易相手国を韓国一国にしているためその必要はない。
[8]　別のケースの詳しい説明は、第4章を参照。

$$IIT_{ij} = \frac{sn^*}{s^*n}. \tag{5-6}$$

ただし、世界全体の支出における自国のシェアは s で表され、差別化財のバラエティの数は n で表されている。アステリスク（*）は外国を示している。(5-6) 式では、差別化財産業において自国がネットで輸出超過と考えている。

他の状況を一定とした場合、n の増加が産業内貿易指数を低下させることは明らかである。しかし、この理論モデルにおける n の増加を、(5-4) 式と (5-5) 式で定義された輸出マージンと照らし合わすには、慎重に検討する必要がある。差別化財を取り扱う理論モデルでは、n の上昇は同一産業内の新しいバラエティの創出を考えている。したがって、n の上昇は拡張マージンではなく、集中マージンの増加と捉える必要がある[9]。ネットで差別化財が輸出超過している国における n の上昇は、差別化財産業においてさらに輸出と輸入の差を拡大させてしまう。すなわち、この理論モデルからは、集中マージンの上昇は産業内貿易を低下させるという仮説が導かれる。

二つ目の仮説では、拡張マージンと産業内貿易の間で正の相関が生じる明白な理由が考えられる。拡張マージンの拡大に伴う新しい産業の輸出が、既存の輸入産業と一致するものであれば、産業内貿易は上昇する。既に輸入をしている産業への輸出開始は、垂直的特化が進む産業において観測されやすいと考えられる。

上記の仮説を取り入れたパネルデータの実証モデルは (5-7) 式のように表される。

$$\begin{aligned}IIT_{ijt} = \alpha_i &+ \beta_1 GDP_t^j + \beta_2 GDP\_PREF_{it} + \beta_3 DGDPPC_{it} \\&+ \beta_4 EXTM_{it} + \beta_5 INTM_{it} + \varepsilon_{it}\end{aligned} \tag{5-7}$$

ただし、ここでの IIT_{ijt} は Grubel-Lloyd 産業内貿易指数を都道府県レベル

---

[9] 新しいバラエティの創出とは、同じエンジンサイズの乗用車の品目（産業）内で新モデルが導入されるようなことを指す（第5-2節の冒頭参照）。新モデルの導入により、当該品目（産業）の輸出総額が増えることを前提としている。

表5-2 日韓貿易の発展

	輸出		輸入	
	（兆円）	（パーセント）	（兆円）	（パーセント）
年	対世界	韓国	対世界	韓国
1990	41.6	6.1 (3)	33.8	5.0 (5)
1993	40.3	5.3 (4)	26.8	4.9 (4)
1996	44.9	7.1 (2)	38.0	4.6 (3)
1999	47.7	5.5 (2)	35.2	5.2 (3)
2002	52.2	6.9 (3)	42.1	4.6 (3)
2005	65.8	7.9 (3)	56.8	4.7 (4)

(注)カッコ内の数値は、日本との貿易額での韓国の順位である。財務省税関局のデータより著者による計算。

に修正した(5-2)式ものである。また、GDP_t^j と GDP_PREF_{it} と $DGDPPC_{it}$ は、それぞれ(5-3)式で定義されたものと同様である。新たに追加された説明変数は、都道府県の拡張マージンである $EXTM_{it}$ と、都道府県の集中マージンである $INTM_{it}$ である。

5-3 日本と韓国の国際貿易の概観

　本節では、第5-5節の実証分析の対象となる日韓貿易に焦点を当て、日韓貿易の産業構造、日本の対韓国直接投資、ならびに日韓産業内貿易について概観する。韓国が選ばれた理由は、日本と地理的に最も近い国であり、かつ日本との貿易相手としても最も重要な役割を担う国の一つだからである。米国・中国に続いて、韓国は日本にとって第三番目の主要貿易相手国である。

　表5-2には、日本の輸出総額と輸入総額、日本の貿易に占める韓国のシェアとランキングが示されている。日本の輸出仕向け先として、韓国のシェアはサンプル期間中に上昇傾向にある（6.1%から7.9%）。さらに、輸出額では、1990年の2.53兆円から2005年の5.17兆円と2倍以上に増加している。

　日本の輸入元としての韓国のシェアは、サンプル期間中ほぼ同じ程度（5

%弱)である。しかし、輸入金額では1990年の1.69兆円から2005年の2.69兆円と大きく上昇している。1996年には、中国と米国に続いて、韓国は日本の第三番目の輸入元国となった。ただし、2005年には原油価格や資源価格の高騰に伴い、オーストラリアが第三番目に浮上したため、韓国は一時的に第四番目となっている。ちなみに、オーストラリアからの輸入の大半は資源であり、石炭(32%)、自然ガス(14%)、鉄鉱石(13%)である。

さらに、日韓貿易の構成要素を検討するために、2005年の日韓貿易をHS4桁分類で分析した。特筆すべき点は、IC(HS8542)が日本の対韓国輸出の全体の7.4%、日本の対韓国輸入の14%を占めて、輸出入いずれにおいても最大の貿易産業になっている。輸出と輸入の両方に大きなシェアを持つ産業は他にも散見している。この予備的分析からでも、日本と韓国の産業内貿易が大きいことが明らかである。厳密な分析に関しては、第5-5節において詳細に行う。

東洋経済新報社の『海外進出企業総覧』には、親会社である上場企業にアンケート方式で集めた海外子会社の情報が掲載されている。海外進出企業総覧によると、2004年までに韓国に設立された日本の海外子会社は640社になる。日本の海外直接投資の対象国としては、中国(4052社)、アメリカ(3359社)、シンガポール(1513社)、香港(1121社)、タイ(1067社)、台湾(910社)、イギリス(841社)、マレーシア(806社)、インドネシア(698社)に続き、第10番目である[10]。産業別では、電子機器産業(21.4%)、化学薬品産業(16.5%)、機械産業(15.2%)、自動車産業(7.3%)、精密機器産業(4.6%)、IT産業(4.1%)、鉄鋼製品産業(3.0%)に投資されている。これらの産業に関しては、垂直的産業内貿易や垂直的特化に関わる貿易に携わる可能性が高い。

図5-2には、1988年と2006年の日本の対129カ国のGrubel-Lloyd指数を図示している。補助的に描かれている対角線は、二つの年の産業内貿易が同じ

---

[10] 2001年から2004年までの近年では、日本の韓国向けの海外直接投資は台湾向けとシンガポール向けを超えている。

図5-2 Grubel-Lloyd 産業内貿易指数（1988年と2006年）

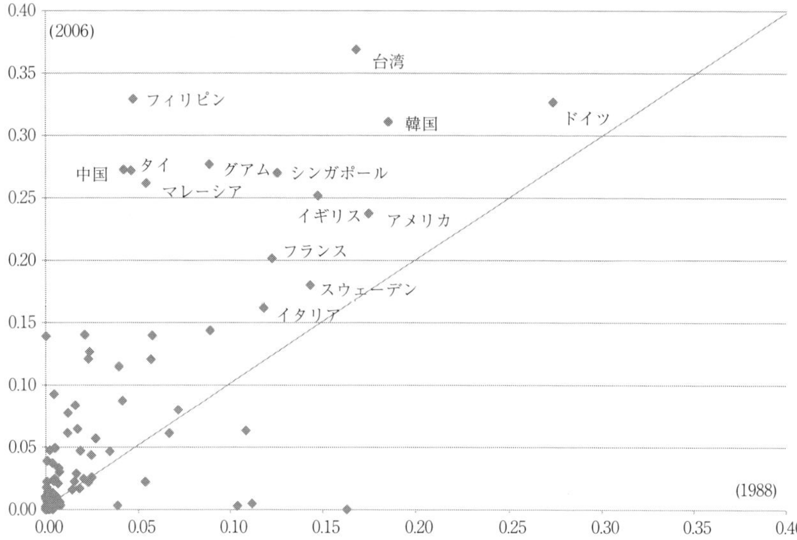

(注) Grubel-Lloyd 産業内貿易指数は、129カ国の貿易相手との日本の HS 9桁レベルの貿易データから計算されている。貿易データは、財務省税関局のホームページから入手した。

水準であることを示している。第一に、ほとんどの国において日本との産業内貿易は上昇傾向（図5-2では対角線より上方に位置すること）にある。第二に、直近の2006年に産業内貿易指数が高い国は、日本と経済水準の近い欧米諸国に加えて、アジア諸国が多く含まれている。第三に、アジア諸国の多く（台湾、韓国、フィリピン、タイ、マレーシア、中国）の日本との産業内貿易の拡大（図5-2では垂直に降ろした対角線までの距離）は、最も高い水準である。1990年以前の日本と ASEAN 諸国経済間の産業内貿易がまだ発展途上であるとの Abe（1997）の指摘と、今回の分析結果を重ねて考えると非常に興味深い。第四に、2006年時点での日韓産業内貿易が最も高い水準であることは、本章の実証分析を行うことの意義を支持している。

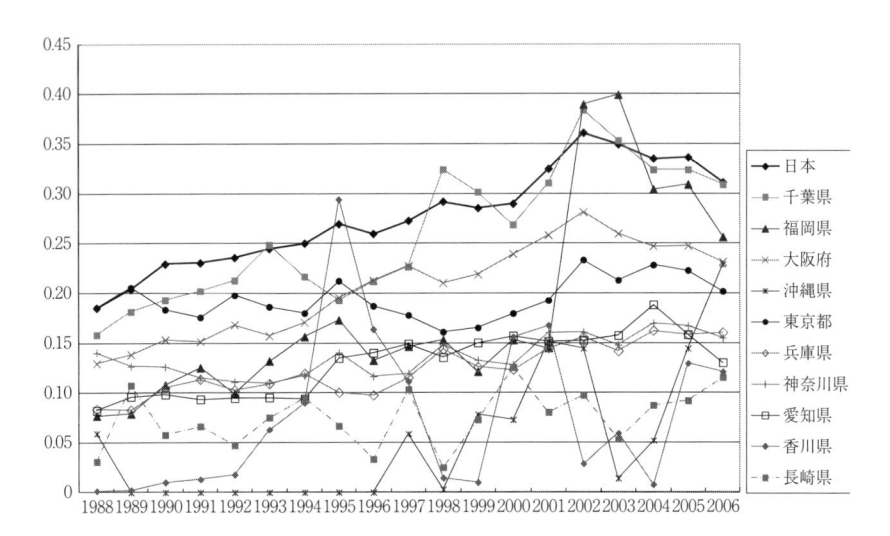

図5-3　都道府県の対韓国産業内貿易

(凡例: 日本、千葉県、福岡県、大阪府、沖縄県、東京都、兵庫県、神奈川県、愛知県、香川県、長崎県)

5-4　日本と韓国間の国内地域別貿易

本節では、第5-2節で提唱した方法に基づいて、国内地域におけるGrubel-Lloyd 指数と Hummels-Klenow 指数を計測して、それぞれの概要の報告を行う。

5-4-1　国内地域別産業内貿易

国際港別の貿易データベースを活用して、41都道府県と韓国間のGrubel-Lloyd 産業内貿易指数を1988年から2006年まで計測した。国レベルでの産業内貿易指数と比べて、国内地域に限定した産業内貿易指数は、フラグメンテーションや垂直的特化に関連した垂直的産業内貿易をより捉えられると考えられる（図5-1、第5-2-1節参照）。

図5-3には、日本全体と韓国との Grubel-Lloyd 指数と、選択された10都道府県の韓国との産業内貿易の動向を示している。日本全体と韓国との産業

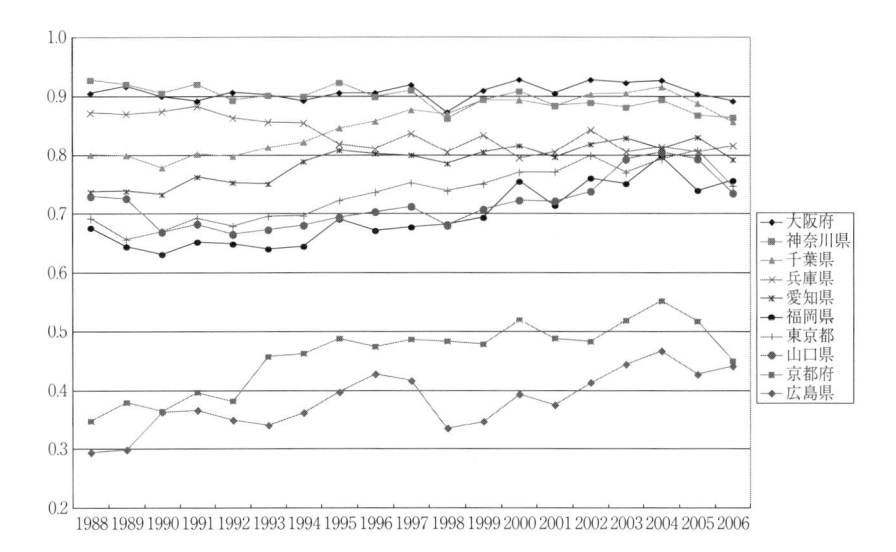

第5章 産業内貿易と垂直的特化　113

図5-4　都道府県の対韓国輸出の拡張マージン

凡例：大阪府、神奈川県、千葉県、兵庫県、愛知県、福岡県、東京都、山口県、京都府、広島県

内貿易は、2002年に0.36でピークとなり、その後は低下傾向にある。都道府県別のGrubel-Lloyd指数を検討すると、国内地域に分割されたのにもかかわらず、国レベルと同じ程度の高い産業内貿易を示す都道府県がある[11]。これらの都道府県における高い産業内貿易は、日韓での生産フラグメンテーションを反映していることも考えられる。

5-4-2　国内地域別の輸出マージン

Yoshida（2011）に従い、1988年から2006年までの対韓国の拡張マージンを計測した。図5-4には、一例として、10都道府県の拡張マージンが示されている。韓国との産業内貿易が高い都道府県に注目すると、比較的少ない産

---

[11] GDPの水準で考えると、典型的な都道府県の経済規模はエクアドルやハンガリーに匹敵する。そのため、ある都道府県の産業内貿易が高かったとしてもそれほど驚くことではないかもしれない。この点について指摘をしてくれた *North American Journal of Economics and finance* のリフリーに感謝する。

業に限定して輸出を行っている都道府県と、ほとんどの産業に輸出を行っている都道府県と、あることが明確になる。製造業の集積度の高い都道府県である大阪府、神奈川県、千葉県、兵庫県、愛知県、福岡県、東京都と山口県では、比較的高い輸出バラエティを示している（拡張マージンは65％から90％）[12]。これらの都道府県に続くのが、京都府と広島県であるが、この2県の拡張マージンは一段低い（50％以下）。高い産業内貿易を生じさせるような、輸出産業の発展には二つのケースが考えられる。第一は、元々1980年代から多様な産業に輸出をしていた都道府県が、フラグメンテーションも含めて、韓国との産業内貿易を高めてきた。第二は、新規輸出に取り組んだ都道府県が、高い産業内貿易を要求するような産業へと輸出機会を拡大してきた。

5-5　既存輸出産業の深化かバラエティの拡大か?

5-5-1　データ

韓国ウォン建ての韓国名目 GDP は世界銀行の *World Development Indicator*（WDI）から入手した。ウォン円の年次平均レートを用いて、韓国 GDP は円建て表示に変換された。ウォン円の年次平均レートの計算には、日本銀行の月末レートを利用した。ウォン建て韓国一人当たり GDP も同様に WDI から入手し、同様に円建てに変換した。

都道府県の名目 GDP は、総務省の『県民経済計算年報』を利用した。都道府県人口には『国勢調査』を用いて、都道府県別一人当たり GDP は都道府県 GDP を県人口で割ることで計算している。県別貿易データは、財務省税関局の国際港別貿易データから構築している。製品の細分レベルは、HS 9桁分類である。基本的なデータセットは、Yoshida（2011）の研究により

---

[12]　都道府県の対韓国の拡張マージンは、日本全体の対韓国の輸出を基準しているため、ここでのパーセンテージは輸出額でウエイト付けした産業の範囲を示している。

構築された。距離のデータは、県内の主要な貿易港からソウルまでの距離が用いられている。距離の計算は、2地域の緯度と経度からJohn Havemanのホームページにある Java プログラムによって計算された。

5-5-2　産業内貿易指数の変換

Grubel-Lloyd の産業内貿易指数は、0から1の間の数値を取るように構築されている。この指数を回帰分析の被説明変数として用いることは、誤差項が正規分布に従うことの仮定と整合的ではない。一つの対策としては、元のデータを変換することで、変換後の誤差項が正規分布に従うようにすることである。Hummels and Levinsohn (1995) でも用いられた logistic 変換はよく使用される方法である。

しかし、元のデータがゼロを含む場合は、logistic 変換に対数部分があるため、変換後のデータが定義されなくなる[13]。この問題を克服するために、logistic 変換の対数部分を Box-Cox 変換で代替する方法を提唱する。この (5-8) 式の変換を Box-Cox Logistic 変換、もしくは BCL 変換と呼ぶことにする。

$$BCL(y) = \frac{\left(\frac{y}{1-y}\right)^{\lambda}-1}{\lambda}, \ \lambda \in (0,1] \ . \tag{5-8}$$

5-5-3　実証結果

被説明変数は、Box-Cox Logistic 変換をした都道府県別 Grubel-Lloyd 指数である。拡張マージン（$EXTM$）と集中マージン（$INTM$）も Box-Cox 変換してある。Box-Cox 変換のためのパラメーター λ は0.1とした。その他の説明変数は自然対数を取ってある。(5-3) 式と (5-7) 式を日本国内地域と韓国の貿易に応用したものを、次の (5-9) 式と (5-10) 式で表している。

---

[13]　先行研究では、元のゼロ値の変換後のデータを欠損値として取り扱ってきたかもしれない。しかし、これは元データの最低値をサンプルから排除することから推定値にバイアスを生じさせてしまう。

$$IIT_{iKORt} = \alpha_i + \beta_1 GDP\_KOR_t + \beta_2 GDP\_PREF_{it} + \beta_3 DGDPPC_{it} + \varepsilon_{it} \quad (5\text{-}9)$$

$$IIT_{iKORt} = \alpha_i + \beta_1 GDP\_KOR_t + \beta_2 GDP\_PREF_{it} + \beta_3 DGDPPC_{it} \\ + \beta_4 EXTM_{it} + \beta_5 INTM_{it} + \varepsilon_{it} \quad (5\text{-}10)$$

ただし、IIT_{iKORt} は t 年の i 都道府県と韓国の産業内貿易指数である。GDP_KOR_t は t 年の円建ての韓国の GDP である。GDP_PREF_{it} は t 年の i 都道府県内総生産であり、$DGDPPC_{it}$ は t 年の i 県の一人当たり県内総生産と韓国の一人当たり GDP の差である。都道府県レベルの拡張マージン（$EXTM_{it}$）と集中マージン（$INTM_{it}$）は対韓国として計算されている。(5-9) 式と (5-10) 式を推定する時には、固定効果モデルと変量効果モデルの両方が用いられている。以下では、(5-9) 式を特定化 (1) と呼び、(5-10) 式を特定化 (2) と呼ぶ。推定結果は表5-3に示されている。

まず、回帰式全体の当てはまりは、(5-9) 式の変量効果モデルを除くと、修正 R^2 が0.51から0.70と高い水準である。Hausman 検定量は特定化 (1) で2.82と特定化 (2) で2.76であるので、いずれのモデルについても、変量効果モデルの推定量に一致性があるという帰無仮説は棄却されない。

まず、産業内貿易の伝統的な説明変数である、二経済地域の GDP と二経済地域の所得水準の格差だけを用いている、特定化 (1) の推定結果を考察する[14]。推定結果からは、韓国 GDP の成長により産業内貿易が高まったことが示されている。この韓国 GDP は、所与の年において全ての県の Grubel-Lloyd 指数に対して同じ値であるため、各都道府県に共通する他の潜在的変数を捉えている可能性がある。県内総生産は統計的に有意であるが、一人当たり GDP の格差は固定効果では統計的に有意ではない。後述す

---

14) 二経済地域の GDP の最大値と最小値も頻繁に用いられる説明変数である。しかし、サンプル期間中では、東京都のみが韓国の GDP を超えているために、二経済地域の GDP の最大値と GDP_KOR がほぼ同じ値をとることになる。厳密には、大阪府も1988年、1990年、1993年と、愛知県も1988年に、韓国の GDP を超えている。二経済地域の GDP の最大値と最小値を説明変数としたモデルの推定も行ったが、質的な結果は特定化 (1) の結果と同様であった。

表5-3 推定結果

	特定化(1) 固定効果	特定化(1) 変量効果	特定化(2) 固定効果	特定化(2) 変量効果	特定化(3) 変量効果
GDP_KOR	1.173*** (0.194)	1.337*** (0.214)	0.420** (0.164)	0.519*** (0.198)	0.520*** (0.198)
GDP_PREF	3.769** (1.486)	1.352*** (0.364)	0.749 (1.325)	−0.710** (0.315)	−0.507 (0.335)
DGDPPC	−0.015 (0.728)	0.839** (0.414)	−0.224 (0.666)	0.289 (0.361)	0.226 (0.361)
EXTM			1.321*** (0.149)	1.288*** (0.097)	1.253*** (0.098)
INTM			−0.285 (0.189)	−0.332*** (0.000)	−0.350*** (0.110)
DIST					−1.082 (0.361)
観測数	717	717	710	710	710
県数	41	41	41	41	41
修正済み R^2	0.64	0.23	0.70	0.51	0.52
Hausman: CHISQ		2.82		2.76	
p値		0.42		0.73	

(注)被説明変数は、Box-Cox Logistic 変換した Grubel-Lloyd 産業内貿易指数である。拡張マージン (EXTM) と集中マージン (INTM) は Box-Cox 変換している。Box-Cox のパラメーターは0.1に設定している。他の説明変数は自然対数を取っている。カッコ内の数値は(固定効果モデルでは分散不均一に頑健な)標準偏差である。Hausman 統計量(CHISQ)は、変量効果モデルの推定量の一致性を帰無仮説として検定を行う。1％、5％、10％水準で統計的有意な推定値には、それぞれ ***、**、* の記号を付けている。

る、特定化(2)ではこの二つの変数は必ずしも統計的に有意とはならない。しかし、福岡県、千葉県、沖縄県の県内総生産が東京都のよりもずいぶん低いにもかかわらず、いずれの県においても韓国との産業内貿易指数が高い(図5-3参照)ことを考えると、理解できる結果でもある。

次に輸出マージンを説明変数に含んだ特定化（2）の推定結果を検討する。都道府県の拡張マージンに関しては、産業内貿易にプラスの効果を与える結果が統計的に有意に得られ、パネル分析のいずれの推定モデルでも係数の値は頑健である。この推定結果からは、新規品目の輸出を行う場合、都道府県が既に輸入している品目を選んでいるか、もしくは新規品目の輸出と同時に同品目の輸入も開始していることを示唆している。

都道府県の集中マージンに関しては、産業内貿易にマイナスの影響を与える結果が得られている。しかし、固定効果モデルにおいては統計的に有意ではない。ただし、Hausman 検定量の結果からは、変量効果モデルの推定結果を信頼することができるため、統計的に有意かつ負の効果は理論的な仮説と整合的である。この推定結果は、都道府県がネットで輸出超過となっている品目において、品目内の新しいバラエティを創出して集中マージンの上昇をもたらし、それが産業内貿易を低下させていることと整合的である。

5-5-4　頑健性の確認

本節では以上の結果の頑健性を確かめるため、距離を説明変数に加えた変量モデルを推定する[15]。産業内貿易は、近接する 2 地域間の方が大きい可能性があるため、通常の貿易 gravity モデルの実証と同様、産業内貿易の実証モデルでも距離が用いられることがある[16]。(5-11) 式で示されている特定化 (3) では、特定化 (2) の説明変数に加えて、距離の変数を用いる。ただし、変量効果モデルのみが推定される。

$$IIT_{iKORt} = \alpha_i + \beta_1 GDP\_KOR_t + \beta_2 GDP\_PREF_{it} + \beta_3 DGDPPC_{it} \\ + \beta_4 EXTM_{it} + \beta_5 INTM_{it} + DIST_i + \varepsilon_{it} \quad (5\text{-}11)$$

ただし、$DIST_i$ は県内の主要な国際港とソウル市間の距離であり、その他の変数は (5-10) 式と同様である。

---

[15] 距離変数は時間不変的なので、固定効果モデルには用いることができない。
[16] Bergstrand and Egger (2010) が最終財貿易、海外直接投資、中間財貿易に関しての gravity タイプの方程式を理論的に導出している。

距離変数の追加により、推定結果が大きく変わることはなかった。韓国GDP、拡張マージン、集中マージンは1％水準で統計的に有意である。特に拡張マージンと集中マージンの推定された係数はほとんど変わらない。距離変数自体の係数はマイナスで期待された符号と整合的ではあるが、統計的には有意でなかった。

5-6　結　論

本章では、2006年に、韓国が日本にとって最も高い産業内貿易の相手国の一つであることを確認した。対韓国との高い産業内貿易は、日本を都道府県レベルに分割した際にも、多くの地域において観測された。我々は二つの仮説を検証した。(1) 集中マージンについては、ネットで輸出超過になっている産業において、都道府県が輸出規模を拡大することで、産業内貿易を低下させてしまう。(2) 拡張マージンについては、既に輸入している産業への新規輸出によって、産業内貿易を高める。実証分析の結果から、拡張マージンと集中マージンの推定係数が期待された符号と整合的であり、かつ統計的に有意であることで、この二つの仮説が正しいことが検証できた。

Grubel-Lloyd産業内貿易指数を二国のGDP、一人当たり所得の格差、ならびに各国の特性変数を要因とした実証分析を行う先行研究（Greenaway et al., 1994, 1995）とは、本章は重要な点で異なる。本章では、拡張マージンと集中マージンを産業内貿易の新しい説明変数として導入した。二つの異なる国際貿易の実証研究が、この研究によって関連性があることが明確にされた。

本章のアプローチは、フラグメンテーションと産業内貿易の関係に新たな視点を提供するが、注意しなければならない点もある。第一に、国内地域範囲の選択基準が本章ではあいまいである。もしかすれば、市レベルのより狭い地域を国内地域として定義した方が、本章の目的に則しているかもしれない。第二に、県の境界近くに所在する企業は、近接の県の国際港から輸出を

行うかもしれない。特に輸出実績の無かった6県に関しては、切実な実証的な問題である。第三に、どれだけ小さな国内地域に限定した分析を行ったとしても、Flam and Helpman（1987）が考察した消費者の異なる品質に対する選好から生じる産業内貿易を排除することはできない。将来の研究において本章のアプローチを改善していく余地がある。しかし、一方で頑健的な結果が得られたことから、今回得られた結論が大きく変わることはないとも考えられる。

　最後に、本章の結果と企業内貿易に関して言及する。Fukasaku and Kimura（2002）は、日本とアメリカ企業の企業内貿易を分析した。経済産業省のサーベイデータを用いた分析により、1994年の日本企業の輸出の23.9％と輸入の25.7％が企業内貿易であることが示された。産業内貿易の分野では、輸出価格と輸入価格の格差が大きいものを、垂直的産業内貿易と定義することがある。また、垂直的産業内貿易が大きいことが、企業内貿易の存在が大きい証拠として取り上げられる場合がある。しかし、国レベルの観測においては、実際には同産業内の全く関連の無い輸出と輸入の場合でも、産業内貿易指数は高くなる。例えば、ある産業において、A企業が韓国に輸出を行っている一方で、A企業とは全く関連の無いB企業が韓国から輸入を行っている場合がそうである。本章では、国内地域を都道府県に限定することで、輸出と輸入が同時に行われている地域の規模を大幅に縮小した。平均的な県の大きさは日本全体の約2％である。確率的に考えても、本章の産業内貿易が、企業内貿易と関係が強い可能性は従来の分析よりも高い。この意味において、日韓の都道府県別の産業内貿易が高い事実は、日韓の企業内貿易が高いことを示唆しているのかもしれない。

第6章
国際貿易と環境汚染[*]
──貿易に内在化された汚染収支の実証分析：産業構造と排出削減──

6-1　はじめに

　この20年間に、貿易自由化は二国間・多国間の枠組みで積極的に推進されてきた。1995年の世界貿易機関（WTO）の設立、欧州の単一通貨ユーロの導入、二国間・地域間の自由貿易協定の締結により、関税並びに非関税的な貿易障壁はずいぶん削減されてきた。この影響を受けて、世界における貿易取引量は拡大した[1]。このような流れの中、貿易政策の改革を検討する国には、国際貿易が自国経済に与える影響を正確に把握する必要性がある。発展途上国では、国際貿易が経済成長に与える影響は特に重要である[2]。また、研究者ならびに政策当事者からの高い関心があるのが、国際貿易が環境に与える影響である。

　環境保護主義者が貿易自由化に対して抱いている懸念の一つは、汚染逃避仮説（pollution haven hypothesis）である。この仮説が主張しているのは、貿易自由化が促進されると、発展途上国における環境規制が緩やかな（もしくは規制自体が存在しない）ために、先進国は汚染産業を自国で抱えずに、汚染産業を発展途上国に移管することである。近年の汚染逃避仮説の実証研究は、大きく二つの間接的アプローチに分類できる。最初のアプローチは、

---

[*]　共同研究成果の一部を本書に掲載することを快く許諾して頂いた本間聡氏に感謝する。本書のベースとなった論文は Honma and Yoshida (2012b) のディスカッションペーパーであるが、現在 (2014年4月) 大幅改訂したものを投稿準備中である。
1)　例えば、世界貿易機関が国際貿易を推進した効果については Subramanian and Wei (2007) を参照のこと。
2)　貿易と経済成長の関係についての最近のサーベイについては、Lopez (2005) や Singh (2010) を参照のこと。

国全体の生産に伴う汚染排出を、Grossman and Krueger（1993）に従い経済規模・技術水準・産業構成（scale, technique, composition）の三つの要因に分解して、それぞれの説明変数に回帰する Antweiler, Copeland and Taylor（2001）の方法である。第二のアプローチは、国際貿易の取引額と環境変数間の関係を分析する Levinson and Taylor（2008）等の方法である。いずれのアプローチでも、国際貿易自体から発生する汚染（すなわち、貿易製品を生産する際に発生する汚染物質量）の計測は、世界全体のデータベースが存在しないために行われていない。以下では、貿易製品を生産する際に発生する汚染を「貿易に内在化された汚染」と呼ぶ。

　本章では、「貿易に内在化された汚染収支（the balance of embodied emission in trade、以下では BEET）」の全世界の実証分析を行うことで、貿易と環境の研究分野へ貢献することを目的としている。BEET の定義は、輸出に内在化された排出汚染から、輸入に内在化された汚染を差し引いた収支である。本章では、Honma and Yoshida（2012a）によって構築された二つの BEET 世界データベースを用いる。一つ目の BEET 世界データベースは、（仮定 1）各産業の汚染排出係数はサンプル期間中には固定的であり、（仮定 2）産業別の汚染排出係数は各国で共通である、という二つの制約の下でデータ構築が行われている。（仮定 1）と（仮定 2）から次の仮定も充たすことになる。（仮定 3）汚染排出係数による産業の汚染度の順位は、各国・各年において共通である。これらの仮定は、Grossman and Krueger（1993）による三つの全ての要因（経済規模・技術水準・産業構成）の影響を分析するには、あまりにも強い仮定である。しかし、これらの仮定は産業構成効果のみに限定して分析するには、非常に有益な方法である。二つ目の BEET 世界データベースの構築に課される仮定は、より緩やかなものである。まず、一つ目のデータベース構築の仮定は次のとおりに緩められる。（仮定 1'）各産業の汚染排出係数は時変的であり、（仮定 2'）産業別の汚染排出係数は各国で異なる。ただし、二つ目のデータベースでも（仮定 3）は維持される。この二番目のデータベースでは、産業構成効果に加えて技術水準効果

の影響も捉えることができる[3]。

　これら二つの世界データベースを用いることで、産業構成効果（すなわち、産業構成の変化による汚染排出量の変化）と技術水準効果（すなわち、汚染排出削減技術の進歩による汚染排出量の変化）を識別できるようになる[4]。本章の実証分析結果からは、技術水準効果は各国の所得水準や民主化の度合いに依存する一方、産業構成効果は各国の経済・政治変数に依存しないことが明確にされた。また、BEETへの技術水準効果が各国の所得水準と負の関係にあるという実証結果も得られた。すなわち、高所得国のBEET（輸出に伴う汚染排出マイナス輸入に伴う汚染排出）が低くなるのは、高所得国における汚染排出を削減する技術が高度化して、輸出における汚染排出を低下させたことを示唆する。この結果は、元々汚染逃避仮説が想定していた産業構造が変化する効果とは別であり、発展途上国に過度の負担をもたらすものではない。

　一方で、各国の民主化の度合いに関しては、BEETと正の関係が見受けられた。解釈が困難な結果であるが、さらに分析を深めると、汚染排出と民主化の度合いには非線形の関係がある根拠を見つけた。具体的には、低所得国から中間所得国間ではBEETが上昇して、中間所得国から高所得国間ではBEETが低下することが確認できた。この非線形の関係の結果は、Grossman and Krueger（1993）によって発見された汚染排出と所得水準の逆U字型の関係と、非常に酷似している[5]。

　本章の構成は次の通りである。第6-2節では、国際経済と環境に関する先行研究を概観して、特にBEETの分析を行った先行研究を詳細に検討する。第6-3節では、BEETデータベースの構築に関して詳細に解説を行う。第

3）　後述するが、本章でBEETは対GDP比で定義されるため、経済規模効果は調整済みと考えられる。
4）　第一番目のデータベースが産業構成効果を捉え、第二番目のデータベースの効果から第一番目のデータベースの効果を差し引くことで、技術水準効果が得られる。
5）　Grossman and Krueger（1993）では、低所得国では環境汚染が低く、所得水準が高くなるほど環境汚染が高くなることが示された。しかし一方で、中間所得から高所得になるにつれて、環境汚染が低くなることも示された。

6-4節では、貿易不均衡の下でのBEETの実証モデルを提唱する。第6-5節では実証結果を検討して、最後の第6-6節で結論を述べる。

6-2 貿易に内在化された汚染収支（BEET）

BEETについて詳細な議論をする前に、国際貿易と環境の分野におけるBEETの位置づけを明確にする必要がある。本章と最も関係の強い実証研究は三つのアプローチに区分することができる。(1) 国際貿易が、一国全体の生産に伴う汚染排出に与える影響の分析（Grossman and Krueger, 1993; Antweiler et al., 2001; Cole and Elliott, 2003; Managi, Hibiki, and Tsurumi, 2009）。(2) 環境規制が、汚染産業の国際貿易に与える影響の分析（Ederington, Levinson, and Minier, 2004; Levinson and Taylor, 2008）。(3) 国際貿易に内在化された汚染の分析（Lee and Roland-Holst, 1997; Muradian, O'Connor, and Martinez-Alier, 2002; Ederington et al. 2004; Levinson, 2009）。これらの三つのアプローチは相互に関連があり、国際貿易と環境の関係を異なる視点から分析している。最初のアプローチは、国際貿易と国内生産（すなわち国内と海外需要の両方に対応している生産、図6-1のEとH）の関係を分析している一方、二番目と三番目のアプローチは、国内生産と国内需要の差（すなわち海外需要に対応する生産）に焦点を置いた分析である（図6-1のEとM）。

第一のアプローチとして、国際貿易が国内生産に伴う汚染排出（図6-1の$\overline{E}$と$\overline{H}$）に与える影響については、Grossman and Krueger (1993) によって、経済規模、産業構成、技術水準の三つの効果に分解されている。第一に、経済規模効果は、国際貿易が経済成長を促し、生産の拡大にともなう汚染排出の増加を示している。第二に、産業構成効果は、国際貿易による産業構成の変化が生じさせる汚染排出の変化である。汚染逃避仮説は、環境規制の厳しい国から環境規制の緩やかな国への汚染排出集約産業の移管の影響を強調している。第三に、技術効果は、貿易相手国からの技術移転や貿易によ

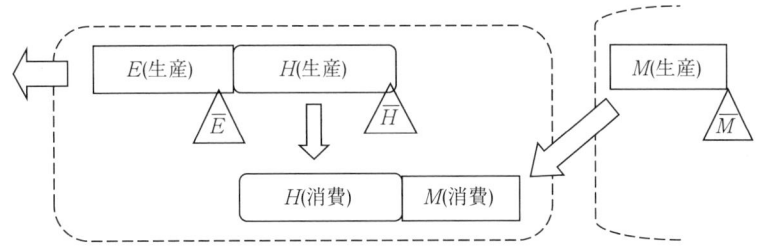

図6-1 汚染排出、貿易、生産と消費

(注)自国の生産は、自国での消費のための生産(H)と外国での消費のための生産(E)となる。自国の消費は、自国で生産された(H)と海外で生産された(M)からなる。バーのついた記号は、生産にともなう汚染排出を示している。

って生じた技術革新等によって導入された、よりクリーンな生産プロセスからもたらされる汚染排出削減の効果である。Antweiler et al. (2001) は、国際貿易が汚染排出に与える影響を分析するために、国内全体の汚染排出変数 ($\overline{E}+\overline{H}$) を被説明変数として、経済規模、産業構成、技術水準の変数、並びにそれらの変数と貿易開放度の変数の交差項を説明変数とした回帰分析を行った[6]。実証結果からは、国際貿易によって発展途上国の産業構成は汚染産業の比重を高くさせるが、三つ全ての効果を総合すると、発展途上国の汚染排出を低減させることを明らかにした。

一方で、国際貿易と環境の関係を間接的に分析するのではなく、国際貿易のための生産に伴う汚染排出(図6-1の $\overline{E}$ と $\overline{M}$)を計測しようとする努力が費やされてきた。世界銀行のプロジェクトとしての産業汚染予測システム (*the Industrial Pollution Projection System,* この後は IPPS) は、1987年時点での米国の各 j 産業の汚染排出係数 (η_j) データベースを開発した (Hettige, Martin, Singh, and Wheeler, 1995)。この IPPS データベースは、その後の多くの研究によって利用されている。Mani and Wheeler (1999) は 1960年から1995年までの汚染逃避仮説について分析を行い、先進国から発展

---

[6] Cole and Elliott (2003)、Frankel and Rose (2005)、Managi et al. (2009) も参照のこと。

途上国への汚染集約的産業の移動はあまり見受けられず一時的であるとした。

第二のアプローチとして、IPPS の全ての79産業の汚染排出係数を用いて、Ederington et al.（2004）は1972年から1994年までの米国の輸出と輸入に内在している排出汚染（$\overline{E}$と$\overline{M}$）を計算した。

$$\overline{E} = \sum_{j \in J} \eta_j E_j \qquad (6\text{-}1)$$

$$\overline{M} = \sum_{j \in J} \eta_j M_j \qquad (6\text{-}2)$$

ここで、E_j と M_j は j 産業の輸出額と輸入額である。産業別に汚染排出係数（η_j）を輸出額（E_j）あるいは輸入額（M_j）に乗じることで、産業単位の排出汚染が計算できる。産業全体を集計することで、輸出全体もしくは輸入全体に内在された排出汚染量が計算できる。

汚染排出係数（η_j）は、世界銀行の IPPS プロジェクトによって計測された1987年の水準で固定されている。1987年以外の汚染排出係数が存在しないデータベースの制約上、1987年の数値が他の年にも利用されている。しかし、あえて汚染排出係数を固定することで、産業構成効果の分析が可能になる。すなわち、固定された汚染排出係数は技術水準が一定であるという仮定を置くことと等しくなるため、産業構成効果のみが貿易額と汚染排出量の乖離を生じさせる。したがって、産業構成を変えない貿易額の1％の上昇は、汚染排出量を同様に1％上昇させるはずである。一方、貿易の産業構成比において汚染集約的な産業が縮小する場合には、汚染排出量の成長率は貿易額の成長率より低くなる。Ederington et al.（2004）の結果からは、米国の輸出と輸入はどちらもクリーンな産業へとシフトし、特に輸入の産業構成の変化が著しいことを示した。

国際貿易に内在化された汚染排出量のネットの収支は、輸出に内在化された汚染排出（$\overline{E}$）から輸入に内在された汚染排出（$\overline{M}$）を引いたもので表すことができる。正式には、貿易に内在化された汚染排出のネット量は次の

(6-3) 式によって計算される。

$$\overline{T} = \overline{E} - \overline{M} = (\sum_{j \in J} \eta_j E_j) - (\sum_{j \in J} \eta_j M_j) \qquad (6\text{-}3)$$

第三のアプローチとして、Muradian et al.（2002）は（6-3）式の貿易に内在化されたネットの汚染排出量を BEET と呼び、米国、日本、西欧諸国について1976年から1994年までの6年ごとの計算を行った。留意すべき点は、IPPS では79産業の排出係数があるにもかかわらず、計算の煩雑さを回避するために、11産業だけが用いられた点である。

また、輸出の生産に投入されている輸入製品を考慮しないバイアスを修正するために、Pan, Phillips, and Chen（2008）や Peter and Herwich（2006）等では、産業連関表を用いることで輸出から輸入中間財を差し引いた[7]。Levinson（2009）は、国際貿易によって生じる米国のクリーン産業へのシフトを再検証するため、中間財の役割を重視してアメリカの産業連関表を用いた分析をしている。

本章では、Ederington et al.（2004）や Levinson（2009）と同様に国際貿易に内在化された汚染排出量を計測するために、1988年から2008年までの130カ国以上の世界パネルデータを構築する。近年の研究において各国特有の排出係数を活用しようとする努力と異なり、この研究では世界全ての国に同じ排出係数を適用する。このアプローチは、Grossman and Krueger（1993）において用いられたもので、カナダとメキシコへの NAFTA の影響を分析するために、米国の排出係数をカナダとメキシコに適用している。もちろん、米国の排出係数を発展途上国に適用する場合、汚染排出を過小評価してしまうことは十分に承知している。しかし、ほとんどの発展途上国において排出係数が存在しないことを考慮すると、本章のアプローチを用いない限り、発展途上国全体を対象とした分析は不可能となる。この世界データベースは、先進国と発展途上国に同じ方法を適用することで、国際貿易によっ

---

7) 産業連関表を用いた排出汚染量の計測に関するサーベイは、Wiedmann（2009）を参照のこと。

て生じる産業構造の変化が汚染逃避仮説とどの程度整合的であるかを明確にすることを目的としている。

本章ではさらに、時間軸とクロスセクション軸の変化を捉えた修正汚染排出係数を導入することで、前述のパネルデータを修正することも行った。この修正は、世界各国の製造業全体の汚染排出量を報告している環境データベースを用いることで可能となった。我々は、最初の無修正データベースをPGT（pollution emission embodied in global trade）1データベースと呼び、修正後のデータベースをPGT2データベースと呼ぶ。詳細に関してはHonma and Yoshida（2012a）を参照のこと。PGT1データベースの固定された汚染排出係数の問題点を改善することで、PGT2データベースは産業構成効果と技術水準効果を同時に捉えることができる。

6-3 国際貿易汚染の世界データベース

本章では貿易に内在化された汚染排出量の世界全体データベースを用いるが、本節では、このデータベース構築に利用した元データベースと、データ構築の方法について詳細に説明する。

6-3-1 汚染排出データ

基本的なデータベースの構築自体は、Honma and Yoshida（2012a）によって行われた。より詳細な説明に関しては、Honma and Yoshida（2012a）のデータの説明に関する付表が詳しい。

対照表

1996年版のHS（Harmonized System）コードと第3版のISIC（the International Standard Industrial Classification）コードの対照表は、国連統計課（the United Nations Statistical Division）のウェブサイトから入手した。第3版のISICコードと第2版のISICコードの対応表も国連統計課のウ

ェブサイトから入手した。

産業別汚染排出係数データ

世界銀行の IPPS プロジェクトは、米国の Census Bureau と環境保護局（the US Environmental Protection Agency）と共同で、ISIC 分類の79産業に関して1987年時点での汚染排出係数を計測している。14種類の汚染物質の排出係数は、米国全地域の約200,000工場のデータから推定された。

国別汚染排出係数データ

EDGAR（the Emission Database for Global Atmospheric Research）は、大産業分類別で世界各国の汚染排出量を提供している[8]。EDGAR からは、製造業の SO_2、NO_2、CO のデータを用いた。これらの汚染排出量の数値を、*Penn World Table* 7.0（2011年5月）の米ドル表示の各国 GDP で割ることで、国別汚染排出係数とした。

輸出データと輸入データ

国連 *Comtrade* データベースは、HS 6桁分類に基づき約200カ国・地域についての輸出と輸入のデータを提供している。各国の各 HS 6桁コードについて、輸出に関しては各貿易相手別の輸出額を、輸入に関しては各貿易相手別の輸入額を、1988年から2008年まで利用した。この貿易データだけでも10ギガバイトを超える大きなデータ量となった。

6-3-2　第一データベースの構築方法：PGT1

貿易に内在化した汚染排出量を計算するには、貿易 HS 6桁製品に対応する ISIC 4桁産業を見つけて、貿易額にその ISIC 4桁産業の汚染排出係数を乗じる。異なる分類コード間の対応表は国連統計局にて公開されているもの

---

[8] この研究において、Stern データベースでなく、EDGAR を利用することを決めた理由は、Stern データベースでは製造業以外の産業も含んだ汚染排出量を提供しているからである。

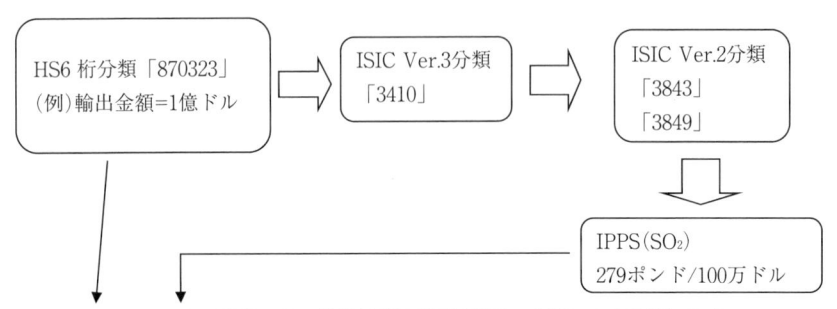

図6-2　自動車輸出に内在されたSO₂排出量の計算例

```
┌─────────────────┐      ┌─────────────┐      ┌─────────────┐
│ HS6桁分類「870323」│ ───▶│ISIC Ver.3分類│ ───▶│ISIC Ver.2分類│
│(例)輸出金額=1億ドル│      │  「3410」    │      │  「3843」    │
│                 │      │             │      │  「3849」    │
└─────────────────┘      └─────────────┘      └─────────────┘
                                                      │
                                                      ▼
                                              ┌─────────────┐
                                              │ IPPS(SO₂)   │
                                              │279ポンド/100万ドル│
                                              └─────────────┘
```

SO₂ = 100×279 = 27,900ポンドの排出量が自動車(1500cc-3000cc)の輸出に内在

(注)HS6桁分類からISIC(ver.3)の4桁コードと、ISIC(ver.3)からISIC(ver.2)コードへの変換は、国連統計局が提供している対照表を利用した。IPPSの汚染係数はISIC(ver.2)が用いられている。輸出に内在している汚染物質を計算する際には、IPPSデータセットの汚染排出係数を用いて、HS6桁分類別に汚染量(ポンド)を計算する。

を利用した。各年の各HS 6桁製品の輸出を対応するISIC産業に振り分けて、汚染排出量をポンド重量単位で計算している。例えば、HS870323(排気量が1,500ccから3,000ccまでのエンジンを搭載している自動車)は、ISIC3843(自動車製造物、manufacture of motor vehicles)に振り分けられる。ISIC3843のSO₂の排出係数は、IPPSによると279ポンド/100万ドルである。具体的な計算手順は図6-2に示されている。

Ederington et al. (2004) の方法に従い、輸出製品の生産に伴う汚染排出量のパネルデータを次の (6-4) 式に基づき作成した。

$$\overline{E}_{it} = \sum_{j=1}^{79} \eta_{j,1987} E_{ijt}, \qquad (6\text{-}4)$$

ただし、$\overline{E}_{it}$ はi国輸出に関わるt年のポンド表示の汚染排出量であり、$\eta_{j,1987}$ はIPPSによるj産業の(各年共通の)汚染排出係数で、E_{ijt}はt年のi国j産業輸出額である。汚染排出係数(すなわち技術水準)が一定であると考えているので、産業構造が変わらない(すなわち、全ての輸出産業が同じ成長率を経験する)場合、輸出額の10％の増加は同じく汚染排出量の10％の増加につながる。同様に輸入に関しても、輸入製品の生産に伴う汚染排出

量を次のように計算した。

$$\overline{M}_{it} = \sum_{j=1}^{79} \eta_{j,1987} M_{ijt}, \tag{6-5}$$

ここで、$\overline{M}_{it}$ は i 国輸入に関わる t 年のポンド単位の汚染排出量であり、M_{ijt} は t 年の i 国 j 産業輸入額である。

貿易に内在化された汚染収支（BEET）は次のように計算される。

$$\overline{T}_{it} = \overline{E}_{it} - \overline{M}_{it} = (\sum_{j=1}^{79} \eta_{j,1987} E_{ijt}) - (\sum_{j=1}^{79} \eta_{j,1987} M_{ijt}) \tag{6-6}$$

このデータベースを用いる実証方法には4つの留意点がある。第一に、多くの国において汚染排出係数が入手不可能のため、全ての国に米国の汚染排出係数を適用している。そのため、推定結果に関しては非常に慎重にならざるを得ない。しかし、発展途上国においての産業別の汚染排出のデータは存在しないため、このデータベースを用いないと実証研究自体が不可能となる。このデータベースを用いる実証分析の目的は、最善の努力でデータを利用して、世界全体を対象とする研究を行うことである。しかし、第二に、時間軸において排出係数が固定されていることは、貿易の産業構造の変化が汚染排出に与える影響を捉えるために非常に有要である。このデータセットを用いた分析対象は産業構造効果であり、他の経済規模と技術水準の二つの効果の分析ではない。第三に、このデータ作成の方法が整合的であるために、世界全ての国が共通の排出係数を持つことは必ずしも必要でない。各国の排出係数に大きな差がなく、汚染排出係数による産業順位が全ての国に共通であれば、実証研究の方法に妥当性がある。Grossman and Krueger（1993）も、NAFTAの影響を分析するのにあたり、米国の汚染排出係数をメキシコとカナダに適用している。第四に、産業連関表を用いる他の研究（Pan et al., 2008; Peter and Herwich, 2006）とは違い、この研究では輸出最終財の生産に用いる輸入中間財の影響を考慮していない。

6-3-3　第二データベースの構築：PGT2

この二番目のデータベースに関しては、汚染排出係数が時間軸とクロスセクション軸に対して一定であるという制約を緩和する。そのために、*Penn World Table* の GDP と EDGAR の産業別ではなく国レベルの汚染排出量データから、時間軸かつクロスセクション（国別）軸で変化する国別汚染排出係数を新たに作成する。この国別汚染排出係数は、i 国の t 年のものを μ_{it} で表す。各国各年に共通である産業別汚染排出係数（$\eta_{j,1987}$）を修正するために、次の i 国 t 年 j 産業の修正済み汚染排出係数（$\hat{\eta}_{ijt}$）を次のように定義する。

$$\hat{\eta}_{ijt} = \left(\frac{\mu_{it}}{\mu_{US,1988}}\right)\eta_{j,1987}. \tag{6-7}$$

汚染排出削減をもたらす技術を導入すると、カッコ内の数値が変化する[9]。1988年の米国にとっては、このカッコ内の数値は 1 となることに留意する。

汚染排出係数をクロスセクション軸において可変的にすることで、輸入における汚染排出量を計算するための新たな対応が必要になる。(6-5) 式では、輸出国の汚染排出係数が全て同じであると仮定されていたため、輸入額を輸入国相手別に区分けする必要がなく、世界からの総輸入額が用いることができた。しかし、この修正済みの排出係数を用いる時には、輸入相手国ごとに異なる排出係数が適用される。したがって、輸入額は二国間レベルに分解されたデータを用いる必要がある。t 年の k 国から i 国への j 産業の輸入額を M_{ijkt} とすると、輸入に内在する汚染排出量は次のように再定義される。

$$\overline{M}_{it} = \sum_{k \neq i} \sum_{j=1}^{79} \hat{\eta}_{kjt} M_{ijkt}$$

同様に、第 2 番目のデータセットに対応する (6-6) 式の BEET は、次の

9）　留意すべき点は、このカッコ内の項自体が産業構成の変化に伴う、産業全体の汚染排出量の変化を反映する。そのため、このデータセットによって計算された BEET 変数は産業構成の効果を過度に反映させてしまうかもしれない。しかし、後の実証研究の結果からは、産業構成の効果は決して強くないことが明らかになる。

(6-8) 式のように再定義される。

$$\overline{T}_{it} = \overline{E}_{it} - \overline{M}_{it} = \left(\sum_{j=1}^{79} \hat{\eta}_{ijt} E_{ijt}\right) - \left(\sum_{k \neq i} \sum_{j=1}^{79} \hat{\eta}_{kjt} M_{ijkt}\right)$$
$$= \left(\sum_{j=1}^{79} \left(\frac{\mu_{it}}{\mu_{US,1988}}\right) \eta_{j,1987} E_{ijt}\right) - \left(\sum_{k \neq i} \sum_{j=1}^{79} \left(\frac{\mu_{it}}{\mu_{US,1988}}\right) \eta_{j,1987} M_{ijkt}\right) \quad (6\text{-}8)$$

この定義により、BEETの変化は、貿易の産業構成の変化と（汚染排出技術の変化による）汚染排出係数の変化の2つの経路によってもたらされる。第1番目の無修正データベース（PGT1）から計算されたBEET1と、第2番目の修正済みデータベース（PGT2）から計算されたBEET2を比較することで、時間軸並びにクロスセクション軸におけるBEETに影響を与える技術水準効果も推測できる。(6-8) 式が明らかにしたのは、産業構成が変わらない場合、輸出相手国が変わってもBEETに影響を与えないが、輸入相手国が変わるとBEETに影響を与えることである。

6-4　BEETの決定要因

Antweiler et al.（2001）は、伝統的なHeckscher-Ohlinモデルに汚染排出税と汚染排出削減費用を明示的に導入して、国際貿易が環境に与える影響（汚染排出量）を分析した。二つの産業は汚染産業とクリーン産業に分けられ、汚染産業だけが汚染物質を排出すると仮定された。一国の生産から生じる汚染排出量（$\overline{Y}$、図6-1では$\overline{E} + \overline{H}$）は、汚染産業の汚染排出係数（$\eta$）、汚染産業のシェア（$\theta$）、経済規模（$Y$）の三つの要因に分解できる。

$$\overline{Y} = \eta \theta Y \quad (6\text{-}9)$$

(6-9) 式を複数の産業を持つ経済に一般化すると、次のように表すことができる。

$$\overline{Y} = \left(\sum_{j \in J} \eta_j \theta_j\right) Y, \quad (6\text{-}10)$$

ただし、Jは産業数である。また、θ_jはj産業の全産業におけるシェアを示

すため、全産業の θ_j の合計は 1 となる、すなわち $\sum_{j\in J}\theta_j=1$ である。

消費側からは、全産業に対する需要に内在化された汚染排出量（$\overline{C}$、図 6-1 では $\overline{H}+\overline{M}$）は、各産業における需要に内在化された汚染排出量の総計として表すことができる。C_j は j 産業の消費量であり、λ_j は j 産業の総消費に占めるシェアを示し、$\sum_{j\in J}\lambda_j=1$ が成り立つ。さらに、CES 関数型効用を仮定すると、消費のシェアは所得水準に関係なく一定である。

$$\overline{C}=(\sum_{j\in J}\eta_j C_j)=(\sum_{j\in J}\eta_j\lambda_j)Y \qquad (6\text{-}11)$$

国際貿易を行うことで、各産業における生産と消費は異なる水準になることが可能になる。そのため、汚染排出量の貿易収支である BEET は、$\overline{T}$ とおいて次のように表すことができる。

$$\overline{T}=\overline{Y}-\overline{C}=(\sum_{j\in J}\eta_j(\theta_j-\lambda_j))Y \qquad (6\text{-}12)$$

国際貿易に内在化された汚染排出量のネット収支は、産業の汚染排出係数（η_j）、生産と消費のシェアの差（$\theta_j-\lambda_j$）、経済規模（Y）のそれぞれに分解できる。伝統的な Heckscher-Ohlin の枠組みでは、生産シェアから消費シェアを引いたものがプラスであれば、その産業は輸出のみを行う。独占的競争モデルでは産業内貿易が生じているので、ネット輸出がプラスとなる。

(6-12) 式を導出する際には、総消費と総生産が等しい、すなわち貿易収支が均衡していることが仮定されていた。しかし、実証研究の対象となる国々の多くは、大きな貿易黒字か赤字を経験している。貿易赤字国で生産量より消費量が大きくなる貿易収支不均衡を明示的に取り入れるために、(6-11) 式と (6-12) 式を次のように修正を行う。ここで、TB は貿易収支で、輸出マイナス輸入と定義されている。

$$\overline{C}=(\sum_{j\in J}\eta_j C_j)=(\sum_{j\in J}\eta_j\lambda_j)\{Y-TB\}. \qquad (6\text{-}11')$$

$$\overline{T}=(\sum_{j\in J}\eta_j(\theta_j-\lambda_j))Y+(\sum_{j\in J}\eta_j\lambda_j)TB \qquad (6\text{-}12')$$

図6-3 生産シェアの変化

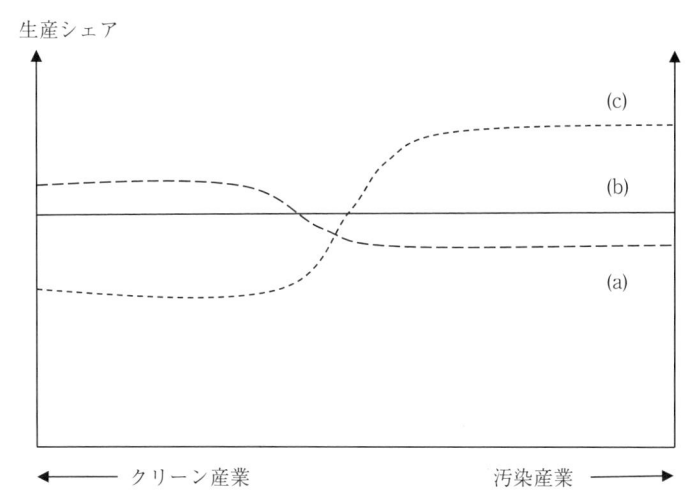

(注)産業は汚染排出係数の順に並んでいる。最もクリーンな産業が左端、最も汚染のひどい産業が右端に位置する。

(6-12′)式の両辺を所得で割ることで、BEETの対所得比の式が得られる。

$$\frac{\overline{T}}{Y} = (\sum_{j \in J} \eta_j \theta_j) + (\sum_{j \in J} \eta_j \lambda_j)\left(\frac{TB}{Y} - 1\right) \quad (6\text{-}13)$$

(6-13)式右辺の第一項は、生産シェアのウエイトによる汚染排出係数の加重平均である。PGT1データベースでは、汚染排出係数が一定であると仮定しているので、この項の変化は生産シェア（θ_j）の変化によってのみもたらされる。生産シェアの変化、すなわち生産の産業構成の変化は、様々な要因によって生じる。例えば、発展途上国に高い生産技術が導入されると、産業構成は低技術産業から高技術産業へとシフトしていく。また、環境規制を強化することで、汚染産業のシェアが低下することも考えられる。

BEETの対所得比に影響を与える経済要因の効果を明確に表すために、(6-13)式を全微分する。(6-13)式の第一項（生産シェアのウエイトによる汚染排出係数の荷重平均）に影響を与える変数をX_kで表すと、(6-13)式

を全微分したものは次のようになる。

$$d\left(\frac{\overline{T}}{Y}\right) = \sum_{k=1}^{K} \frac{\partial[\sum_{j \in J} \eta_j \theta_j]}{\partial X_k} dX_k + (\sum_{j \in J} \eta_j \lambda_j) d\left(\frac{TB}{Y} - 1\right) \quad (6\text{-}14)$$

具体的な X_k の候補としては、貿易の自由化が産業構造に与える影響に焦点をあてることにする。汚染逃避仮説によると、貿易の自由化は、先進国の汚染産業の生産を抑制して、発展途上国の汚染産業の生産を活発化させることを主張している。汚染逃避仮説に従うと、BEET は国の所得水準と負の関係があることを示唆する。

所得水準が BEET に与える影響を図示化したものが図6-3に示されている。横軸には産業が汚染排出係数の順序に従って並んでいる。最もクリーンな産業が一番左から始まり、右に行くほど汚染の排出が多い産業が並んでいる。各産業の産業全体に占めるシェアが縦軸に示されている。説明を分かりやすくするために、生産シェアの曲線を連続的に示している。図6-3では、特徴的な経済を示すために三つの曲線が描かれている、(a) 相対的にクリーンな経済、(b) 産業シェアが均一な経済、(c) 相対的に汚染的な経済。(6-13) 式の第一項は (c), (b), (a) の順に小さくなる。汚染逃避仮説に従うと、貿易の自由化に伴い、先進国の産業構造は (a) の形により近づき、発展途上国は (c) により近づく。時系列的に考えると、経済成長をした国は (c) から (b) へ、そして (a) へと変化していくことも考えられる。この仮説を検証するために、(6-14) 式の X_k として一人当たり所得を説明変数として用いる。

また、(6-14) 式の他の説明変数として、Polity IV プロジェクトによって構築された Polity 指数を用いる。Polity 指数は-10（世襲君主制、hereditary monarchy）から+10（安定した民主主義制、consolidated democracy）までの数値を取り、統治制度の民主制や独裁制に関する複数の質的な評価を計測したものである[10]。民主的になるほど国民は環境に対して敏感になり、

---

10) この指数の作成方法の詳しい説明に関しては、Polity IV Project のホームページを参照のこと。

環境保護政策を支持するようになるため、この変数は環境規制の厳しさを反映する。そのため、高いPolity指数を持つ国は自国内では汚染産業の生産が小さくなり、汚染産業の製品をより多く輸入することが考えられる。この議論を踏まえると、帰無仮説におけるPolity指数の符号も負となる。一人当たり所得とPolity指数の多重共線性の可能性があるために、この二つの変数の相関係数を計算したが、0.249と比較的低い数値であった。

(6-14) 式の右辺の第二項に関しては二つの部分に分けることができる。最初のカッコ内の項は、支出シェアをウエイトとした汚染排出係数の荷重平均である。CES型のように選好に一次同次性を仮定をすると、所得の変化に対しては支出シェアは一定であるために、最初のカッコ内の項も一定となる。二番目のカッコ内の項は、「調整された貿易収支」となる。極端な例として、輸出はゼロで輸入だけを行う国の場合、汚染排出産業の生産の一部を海外に頼ることになりBEETはマイナスになる。自国製品に対する外国需要が高まり輸出が伸びると、BEETを高めることになる。この理由により、(6-14) 式の調整された貿易収支を含む第二項はBEETに対して正の影響を与える。

以上の議論を踏まえて、(6-14) 式を実証モデルとして表現すると次のようになる。

$$\left(\frac{BEET}{GDP}\right)_{i,t} = \alpha_1 GDPPC_{i,t} + \alpha_2 Polity_{i,t} + \alpha_3 TBADJ_{i,t} + \varepsilon_{i,t} \quad (6\text{-}15)$$

ここで、$BEET$ は (6-6) 式や (6-8) 式での貿易に内在化された汚染収支であり、$TBADJ$ は $\frac{TB}{Y}-1$ である。期待される係数の符号は、α_1 と α_2 ではマイナスであり、α_3 はプラスとなる。

6-5 所得、民主度、国際貿易における汚染

第6-3節で説明した手順に従い BEET 変数を計算して、GDP と一人当たり GDP の変数を世界銀行の *World Development Indicator*（WDI）から、

Polity 指数を Polity IV プロジェクトから利用する。次の第6-5-1節では、無修正データベースの PGT1(全ての年・国において産業別汚染排出係数が同じ値)から計算された BEET を用いて、(6-15)式を推定する。この PGT1 を用いる目的は、産業構成の変化が BEET に及ぼす影響を明確に捉えるためである。第6-5-2節では、修正後データベースの PGT2(産業別汚染排出係数が国別・年別に異なる値)から計算された BEET を用いて、(6-15)式を推定する。この PGT2を用いることで、産業構成と技術水準が、BEET へ与える影響を明確にすることができる。第6-5-3節では、サンプルに生じたかもしれない構造変化やデータ分類の変更の影響に対応して、(6-15)式の推定を行い頑健性の確認を行っている。第6-5-4節では Polity 指数の影響を詳しく再検討する。

6-5-1 無修正データベース(PGT1)による BEET

SO_2(二酸化硫黄)・NO_2(二酸化窒素)・CO(一酸化炭素)の三種類の汚染物質について、PGT1データベースから(6-6)式に基づいて計算した BEET を用いて、(6-15)式をパネルデータ分析によって推定した。年ダミーを含まない推定結果は表6-1の左側の3列に示されている。固定効果モデルと変量効果モデルの両方の結果と共に(変量モデルが一致性を持つとする帰無仮説を検定する) Hausman 検定量を示している。第一に、コントロール変数の TBADJ(経済規模で標準化されている貿易収支)は、全ての汚染物質に関して予測通りの正の符号が得られている。第二に、GDPPC に関しては CO の汚染物質のみモデルと整合的な結果が得られた。SO_2とNO_2の汚染物質に関しては、固定効果モデルでは GDPPC の係数は統計的に有意ではない。また、NO_2の変量効果モデルでは、予想とは逆の符号であるプラスであり、かつ統計的に有意である。しかし、CO の汚染物質に関しては、固定効果モデルでは負の係数であり、かつ5%水準で統計的に有意で、変量効果モデルでも負の係数であり、かつ1%水準で有意である。第三に、Polity 指数に関しては、NO_2の固定効果モデルを除いて、予想される負の符号で統計

表6-1 無修正排出係数 (1988-2008, 全ての国)

固定効果	SO$_2$	NO$_2$	CO	SO$_2$	NO$_2$	CO
GDPPC	-0.000008 (0.000007)	-0.000003 (0.000005)	-0.000014** (0.000006)	0.000000 (0.000010)	0.000004 (0.000007)	-0.000007 (0.000007)
Polity	-0.003927 (0.003901)	-0.003865* (0.002154)	-0.002504 (0.002107)	-0.002980 (0.004569)	-0.002557 (0.002462)	-0.001515 (0.002291)
TBADJ	1.05*** (0.37)	0.85*** (0.26)	0.69*** (0.26)	0.81** (0.35)	0.67*** (0.23)	0.50** (0.24)
年ダミー	no	no	no	yes	yes	yes
修正済み R^2	0.69	0.70	0.82	0.70	0.71	0.82

変量効果	SO2	NO2	CO	SO2	NO2	CO
GDPPC	0.000001 (0.000002)	0.000002** (0.000001)	-0.000007*** (0.000001)	0.000005*** (0.000002)	0.000005*** (0.000001)	-0.000001 (0.000001)
Polity	0.000482 (0.002284)	-0.000845 (0.001248)	0.000132 (0.001656)	0.001784 (0.002314)	-0.000032 (0.001255)	0.001704 (0.001686)
TBADJ	1.14*** (0.12)	0.90*** (0.07)	0.75*** (0.08)	0.87*** (0.13)	0.72*** (0.07)	0.52*** (0.09)
年ダミー	no	no	no	yes	yes	yes
修正済み R^2	0.15	0.24	0.00	0.19	0.28	0.10
Hausman	4.47	5.12	7.72*	1.63	1.57	4.66

(注) GDPPC, Polity, TBADJ のうち一つでも欠けているデータは排除された。また、Polity 指数が -66, -77, -88 の数値を取る場合も、データから排除された。その上で、最低でも一つの観測数がある国は132ヵ国である。全ての観測数は、1,757である。

的に有意なケースはなかった。モデルの特定化に関しては、Hausman 検定により、CO は固定効果、SO_2 と NO_2 は変量効果が選択されることが示されている。この表6-1の左側の結果からは、（産業構成効果のみを反映している）BEET と所得水準との間に負の関係が確認できたのは CO だけである。

次に、年ダミーを導入して（6-15）式の推定を行った。この PGT1 データベースでは時間的な変化が無視されているが、この年ダミーの導入によって世界共通の変化等が抽出できるかもしれない[11]。表6-1の右側3列が、年ダミーを導入した（6-15）式の推定結果を示している。GDPPC については、年ダミーを入れていない前出の結果と比較すると、有意であった（固定効果モデルの）CO の係数は有意でなくなっている。変量効果モデルの SO_2 と NO_2 は、反対の符号で統計的に有意になっている。Polity 指数は全ての汚染物質について統計的に有意ではない。総括としては、年ダミーを入れることにより、BEET と所得変数や民主化変数の弱い関係は消滅してしまう。

結論としては、（産業構成効果だけを反映した）BEET は所得水準や民主化の程度に依存していないことが示された。すなわち、汚染逃避仮説が想定するような「民主的であり所得水準の高い国では、よりクリーンな産業の輸出を行い、より汚染の度合いが高い産業の輸入を行う」ことは確認されなかった。

6-5-2 修正後データベース（PGT2）による BEET

表6-2では、（6-8）式に基づいて計算された修正後 BEET を用いた、（6-15）式の推定結果が示されている。年ダミーを含まない推定結果が左側の3列に、年ダミーを含む推定結果が右側3列に示されている。第一に、コントロール変数である TBADJ の係数は全ての汚染物質と両方の特定化にお

---

11) ここで留意すべきことは、無修正データベース（PGT1）によって計算された BEET では、産業構成の変化のみが影響を与える。しかし、次節の修正後データベース（PGT2）の BEET では、汚染排出技術の進歩による変化も生じる。この技術効果を年ダミーによって捉える。ここでは、次節の推定結果との比較のために、年ダミーを入れた推定結果を示している。

第6章 国際貿易と環境汚染　141

表6-2　修正済み排出係数（1988-2008，全ての国）

固定効果	SO$_2$	NO$_2$	CO	SO$_2$	NO$_2$	CO
GDPPC	-0.000012*	-0.000007	-0.000056***	-0.000009	-0.000006	-0.000028
	(0.000006)	(0.000005)	(0.000019)	(0.000008)	(0.000007)	(0.000021)
Polity	0.004742	0.000419	0.005718	0.005480	0.000821	0.012964
	(0.004295)	(0.002833)	(0.009611)	(0.003598)	(0.002657)	(0.008985)
TBADJ	0.59**	0.45***	1.74***	0.52**	0.41**	1.06**
	(0.26)	(0.15)	(0.53)	(0.24)	(0.16)	(0.48)
年ダミー	no	no	no	yes	yes	yes
修正済み R^2	0.77	0.84	0.73	0.77	0.84	0.74
変量効果	SO2	NO2	CO	SO2	NO2	CO
GDPPC	-0.000007***	-0.000005***	-0.000035***	-0.000003**	-0.000002*	-0.000014***
	(0.000001)	(0.000001)	(0.000004)	(0.000002)	(0.000001)	(0.000004)
Polity	0.006369***	0.001548	0.010939**	0.007794***	0.002451*	0.017490***
	(0.001778)	(0.001415)	(0.005461)	(0.001830)	(0.001465)	(0.005537)
TBADJ	0.64***	0.48***	1.92***	0.53***	0.41***	1.16***
	(0.09)	(0.07)	(0.28)	(0.10)	(0.07)	(0.29)
年ダミー	no	no	no	yes	yes	yes
修正済み R^2	0.01	0.00	0.01	0.06	0.02	0.05
Hausman	0.89	0.93	2.61	11.46**	1.32	38.16***

（注）GDPPC, Polity, TBADJ の内一つでも欠けているデータは排除された。また，Polity 指数が-66, -77, -88の数値を取る場合も，データから排除された。その上で，最低でも一つの観測数がある国は132カ国である。全ての観測数は，1,757である。

いて、正の符号でかつ統計的に有意である。第二に、無修正 BEET を用いた結果とは異なり、GDPPC の係数は負でかつ統計的に有意であるケースがほとんどである。逆に、Polity 指数の係数は正であり、変量効果モデルの特定化の場合には統計的に有意な場合もある。しかし、時間ダミーを用いた場合は Hausman 検定により、SO_2 と CO の汚染物質に関しては変量効果モデルが選択されるが、その場合は GDPPC も Polity 指数も統計的には有意でない。

結論としては、汚染排出技術の進歩を取り入れた分析の場合には、BEET の低下（すなわち、輸出のための自国生産に伴う汚染は低下して、もしくは輸入の生産に伴う外国での汚染は増加）はより高い所得水準によって得られるという限定的な証拠が得られた。ここで注意すべき点は、この結果は技術効果を追加的に考慮した PGT2 データベースを用いることで得られたことである。すなわち、BEET と所得に負の関係があるのは、汚染逃避仮説が想定する産業構成の効果ではなく、所得の上昇に伴う汚染削減技術の効果によるものである。我々の直観とは異なるのは Polity 指数の結果であり、より民主的な国ほどより汚染産業の輸出を行うことである。この Polity 指数の結果に関しては第6-5-4節においてさらに分析を深め、汚染排出と民主化が非線形な関係にあるかの検証を行う。まず次節では、国際貿易の分類指標が大きく変更させられた近年のデータを外した部分期間の分析を行う。

6-5-3 部分期間における頑健性の確認

BEET 変数の構造的な変化が、前節の結果にバイアスを与えている可能性として懸念する点がある。第一に、サンプル期間は21年もあるため BEET と説明変数間の関係に構造変化が生じている可能性がある。第二に、新しく開発された製品や大きな産業構造の変化にともない、国際貿易の分類の定義が大きく変更される場合がある[12]。HS の新コードと旧コード間で対

---

[12] この問題の解決策としては、貿易分類の旧コードと新コードの対応表を用いた変換プロセスをデータベース構築の際に行うことで対応できる。しかし、現バージョンのデータベース（PGT1と PGT2）ではまだ未対応である。

表6-3 修正済み排出係数（部分期間，全ての国）

	部分期間(1988-2004)			部分期間(1988-2000)		
固定効果	SO₂	NO₂	CO	SO₂	NO₂	CO
GDPPC	-0.000017***	-0.000012	-0.000036	-0.000014*	-0.000011*	-0.000029
	(0.000007)	(0.000008)	(0.000025)	(0.000009)	(0.000007)	(0.000019)
Polity	0.002701	0.000711	0.012144	0.003620	-0.000374	0.020644**
	(0.003741)	(0.002388)	(0.008446)	(0.005516)	(0.003186)	(0.009863)
TBADJ	1.69***	1.29***	2.98***	1.60***	1.62**	2.80***
	(0.42)	(0.30)	(0.77)	(0.44)	(0.63)	(0.90)
年ダミー	yes	yes	yes	yes	yes	yes
修正済みR²	0.81	0.89	0.79	0.86	0.94	0.88
変量効果	SO2	NO2	CO	SO2	NO2	CO
GDPPC	-0.000005**	-0.000005***	-0.000014***	-0.000003	-0.000004**	-0.000013**
	(0.000002)	(0.000002)	(0.000005)	(0.000002)	(0.000002)	(0.000006)
Polity	0.006847***	0.003077*	0.015744***	0.007618***	0.002117	0.021197***
	(0.002109)	(0.001695)	(0.005998)	(0.002591)	(0.001951)	(0.006779)
TBADJ	1.62***	1.25***	3.11***	1.53***	1.57***	3.05***
	(0.17)	(0.13)	(0.48)	(0.24)	(0.17)	(0.61)
年ダミー	yes	yes	yes	yes	yes	yes
修正済みR²	0.07	0.03	0.05	0.09	0.04	0.05
Hausman	6.13	70.19***	2.07	3.13	5.82	1.05
観測数	1295	1295	1295	823	823	823
国数	130	130	130	121	121	121

（注）GDPPC, Polity, TBADJ の内一つでも欠けているデータは排除された。また、Polity 指数が-66、-77、-88の数値を取る場合も、データから排除された。その上で、最低でも一つの観測数がある国は132ヵ国である。全ての観測数は、1,757である。

応していない産業については、近年のBEETの計算から幾つかの産業が外されている場合がある。第三に、今回の問題意識とは関係なく、2007年と2008年の原油価格の急騰が国際貿易に大きな影響を与えている可能性がある。この問題に対応するために、1988年から2000年までと1988年から2004年までの二つの部分期間について、前節と同様の計量分析を修正済BEET（PGT2）を用いて行った。この頑健性の分析結果については、表6-3に示されている。最も重要な結果としては、GDPPCの係数がより多くのケースにおいて符号が負でかつ統計的に有意になったことである。1988年から2004年の部分期間に関しては、6つ中4つのケースでGDPPCの係数が負でかつ統計的に有意である。Polity指数に関しても同様に、6つ中4つのケースで、係数が正でかつ統計的に有意である。部分期間に限定した分析結果からは、所得水準はBEETと負の関係があり、民主化の程度はBEETと正の関係がある、という前節の結果を強めることになった。

　時系列でのサンプル期間の区分が結果に影響を与えるのと同様に、所得水準の格差が大きい全ての国を含んでいるために、BEETと説明変数間の関係が一定ではない可能性がある。そこで、世界銀行の定義による高所得国（補論6-1参照）を除いた、部分的な標本国で推定を行った[13]。推定結果は表6-4に示されている。サンプル期間に関しては全期間（1988-2008）と部分期間（1988-2004）の両方について、修正済みBEET変数を用いて推定が行われた。全期間では、表6-2の結果とは異なり、NO_2のGDPPCとPolity指数は統計的に有意ではなくなった。部分期間では、GDPPCは全ての汚染物質で統計的に有意でなくなった。この頑健性の確認からは、所得水準の高さがBEETを低下させることを説明できるのは、発展途上国から先進国までを含んだ場合であり、発展途上国グループ間だけの所得格差では説明力が無いことが示された。しかし、Polity指数の係数が予想に反して正の符号であることは期間や標本国に依存せずとても頑健であったため、次の第6-5-4節

13）　高所得国のBEET変数は除かれているが、非高所得国のBEETの計算プロセスからは相手国としての高所得国は除かれていないことに注意。

表6-4 修正済み排出係数（発展途上国）

	全期間 (1988-2008)			部分期間 (1988-2004)		
	SO_2	NO_2	CO	SO_2	NO_2	CO
固定効果						
GDPPC	-0.000014**	0.000003	-0.000020	-0.000013	0.000003	-0.000014
	(0.000006)	(0.000004)	(0.000017)	(0.000011)	(0.000005)	(0.000020)
Polity	0.005193	0.000660	0.012745	0.002392	0.001093	0.010757
	(0.003839)	(0.002773)	(0.009046)	(0.003542)	(0.002303)	(0.008207)
TBADJ	0.28	0.27**	0.96*	1.76***	1.24***	3.81***
	(0.20)	(0.13)	(0.57)	(0.37)	(0.31)	(1.15)
年ダミー	yes	yes	yes	yes	yes	yes
修正済み R^2	0.74	0.71	0.72	0.77	0.77	0.77
変量効果	SO_2	NO_2	CO	SO_2	NO_2	CO
GDPPC	-0.000004*	0.000001	-0.000012**	-0.000001	0.000000	-0.000008
	(0.000002)	(0.000001)	(0.000006)	(0.000003)	(0.000002)	(0.000007)
Polity	0.006213***	0.001524	0.013298**	0.004964**	0.002241	0.010857*
	(0.001864)	(0.001225)	(0.005732)	(0.002131)	(0.001383)	(0.006041)
TBADJ	0.32***	0.31***	1.16***	1.76***	1.20***	4.04***
	(0.11)	(0.07)	(0.33)	(0.20)	(0.13)	(0.58)
年ダミー	yes	yes	yes	yes	yes	yes
修正済み R^2	0.01	0.02	0.05	0.02	0.04	0.04
Hausman	5.58	0.50	0.47	2.14	0.80	0.24
観測数	1339	1339	1339	971	971	971
国数	108	108	108	106	106	106

（注）GDPPC、Polity、TBADJ の内一つでも欠けているデータは排除された。また、Polity 指数が-66、-77、-88の数値を取る場合も、データから排除された。全ての観測期間 (1988-2008) を用いた時の、最低でも一つの観測数がある国は132カ国で、全ての観測数は、1,757である。

でさらに検討を重ねる。

6-5-4 逆U字型の汚染排出

Polity指数の推定係数が正であることは、期間や標本国に関係なく頑健であった。しかし、この結果をそのまま解釈しようとすると、より厳しい環境規制をしている国では汚染産業の輸出が低下してクリーンな産業の輸出が増加するという概念、と全く逆の結論になってしまう。この頑健な推定結果の解釈を考えるために、国内の汚染排出量と所得水準に非線形の関係があることを指摘したGrossman and Krueger（1993）の研究結果が重要であると考えた。この非線形性の可能性を取り扱うために、Polity指数変数の代わりに20個のPolityダミー変数を用いた推定を行った。このPolityダミー変数の推定値は、それぞれの汚染物質別に図6-4-aから6-4-cに示されている。10％水準で統計的に有意な推定値は、米印がつけられている。驚くことに、中間的な民主化水準の国（Polity数値が0か1）の場合にはBEETに正の影響を与える一方、低い民主化水準（Polity指数がマイナスの値）の場合にはBEETに負の影響を与えている。また、最も民主的な国でもBEETに正の影響を与えているが、中間的な民主化をしている国よりは小さな影響であ

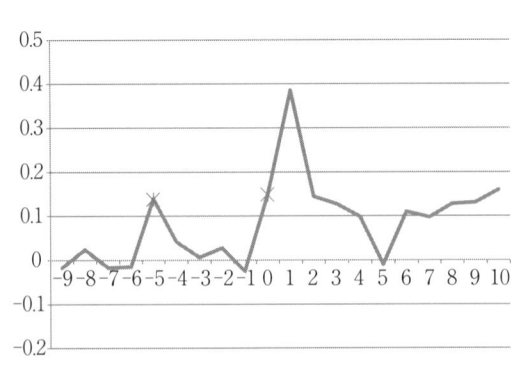

図6-4-a　SO$_2$ BEETのダミー変数の推定値

（注）Polity指数は、横軸に表され、-9から10の値を取る。Polity指数が-10のデータはサンプルから外されている。10％水準で統計的に有意な場合は、米印がついている。

第 6 章　国際貿易と環境汚染　147

図6-4-b　NO₂ BEET のダミー変数の推定値

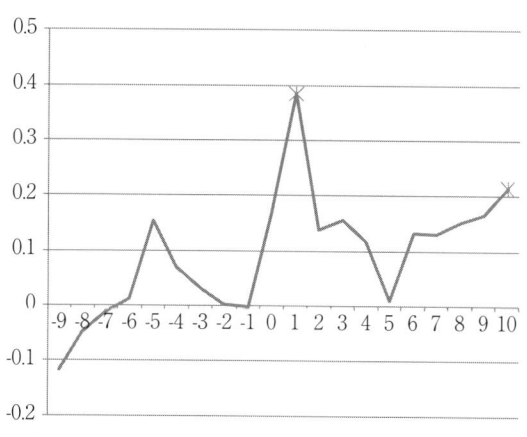

(注)図6-4-a の注を参照。

図6-4-c　CO BEET のダミー変数の推定値

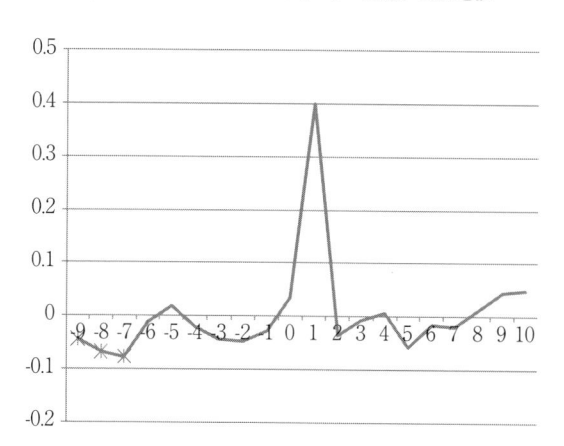

(注)図6-4-a の注を参照。

る。すなわち、民主化が中間程度から高い水準に進むにつれて、環境規制が厳しくなりBEETが低くなることと整合的である。したがって、Polity指数の変数を用いた前節の分析の時には、最低の民主化から最高の民主化までの正の傾きを反映させていたことが理解できる。

6-6　結　論

　1988年から2008年までの期間における、貿易に内在化された汚染排出の世界全体のデータセットを二つ構築した。最初の無修正データセット（PGT1）は、貿易の産業構成がクリーン産業と汚染産業のいずれかにシフトしたかを検証することを可能にした。具体的には、所得水準と民主化水準がBEETに与えている影響を分析した。しかし、この無修正データから計算されたBEETでは、いずれの変数もBEETには影響を与えていない証拠が得られた。

　次に、二つ目の修正後データセット（PGT2）から計算されたBEETでは、産業構成効果に加えて汚染排出削減の技術効果を分析することが可能になった。この分析からは、所得の高い国ほどBEETが低くなることを支持する推定結果が得られた。これは、汚染逃避仮説が考えるような、先進国が汚染排出の低い産業を輸出して、汚染排出の高い産業を輸入することを意味していないことに注意したい。既に無修正データセットの分析から、産業構成の変化によるBEETの変化は所得水準と無関係であることを示していたので、ここでの影響は技術水準の効果によるものである。すなわち、高所得になるほどBEETが低くなるのは、先進国の輸出に内在化された汚染排出が、高度な技術により低く抑えられていることを示している。

　BEETに与える民主化水準の効果は、事前の予測とは異なり、正の影響を与えているという推定結果が得られた。さらに分析を深めて、民主化の各水準のダミー変数を用いることで、民主化水準とBEETの関係が非線形であることを限定的ではあるが示した。この関係は、Grossman and Krueger

(1993)によって示された逆U字型と非常に類似したものであった。

最後に、本章の研究分析について慎重であるべき3点を述べておきたい。第一に、国際貿易が国内生産に与える影響には、輸出に伴う追加的な国内生産（直接効果）に加えて、価格等の変化を通じて生じる国内生産の変化（間接効果）も捉える必要がある。この研究では貿易データだけに限定して分析を進めているので、直接効果しか捉えられていない。第二に、米国の汚染排出係数を他国に適用するのは特に発展途上国で問題があり、産業構成効果の評価にバイアスが生じる。しかし、このバイアスは、世界各国における産業の汚染度の順位に大きな隔たりが無ければ、それほど問題にはならない。さらに、修正済みのデータセットから計算されるBEETを用いている場合には、この問題自体が解決されている。第三に、無修正データベースから計算されたBEETを用いた分析は、経済規模効果をコントロールした上での産業構成効果を分析している。より完全な評価をするためには、技術効果を踏まえた分析が必要となる。これが、修正済みデータベースから計算されたBEETによって行われた分析である。Antweiler et al.（2001）では、全ての三つの効果を合わせた総合効果で、貿易自由化が発展途上国の環境を改善することを指摘した。また、Levinson（2009）は技術効果が最大の効果を持つことを示した。我々の今回の研究分析でも同様の結果が得られたと考えられる。所得水準が頑健性を持って統計的に有意になるのは、BEET変数に産業構成効果と技術効果の両方を考慮したデータベース（PGT2）を利用した時だけであった。

補論6-1　所得データとWDIによる所得グループ

各国の所得水準のデータについては、世界銀行のWDIが提供している。世界銀行は、各国を所得水準に基づいて、低所得（low income）、低位中間所得（lower-middle income）、高位中間所得（higher-middle income）、高所得（high income）に区分している。ここではサンプル期間の中心にあたる1995年の所得水準に基づいた区分により、標本国を表示している。所得グ

ループの区分に関しては、サンプル期間（1988-2008）中に多くの国が所属するグループの変更を経験している。

高所得（27カ国、1995年）

オーストラリア、オーストリア、ベルギー、カナダ、キプロス、デンマーク、フィンランド、フランス、ドイツ、アイルランド、イスラエル、イタリア、日本、クエート、オランダ、ニュージーランド、ノルウェー、ポルトガル、カタール、韓国、シンガポール、スペイン、スウェーデン、スイス、アラブ共和国、イギリス、米国

高位中間所得（17カ国、1995年）

アルゼンチン、バーレーン、ブラジル、チリ、クロアチア、チェコ、ガボン、ギリシャ、ハンガリー、マレーシア、モーリシャス、メキシコ、オマーン、サウジアラビア、スロベニア、南アフリカ、ウルグアイ

低位中間所得（46カ国、1995年）

アルジェリア、ベラルーシ、ボリビア、ボツワナ、ブルガリア、コロンビア、コスタリカ、ジブチ、ドミニカ共和国、エクアドル、エジプト、エルサルバドル、エストニア、フィージー、グアテマラ、インドネシア、イラン、ジャマイカ、ヨルダン、カザフスタン、ラトビア、レバノン、レソト、リトアニア、モロッコ、ナミビア、パナマ、パプアニューギニア、パラグアイ、ペルー、フィリピン、ポーランド、モルドバ、ルーマニア、ロシア、セルビア、スロバキア、スワジランド、シリア、マケドニア、タイ、チュニジア、トルコ、トルクメニスタン、ウクライナ、ベネズエラ

低所得（47カ国、1995年）

アルバニア、アルメニア、アゼルバイジャン、バングラディシュ、ベニン、ブータン、ブルキナファソ、ブルンジ、カンボジア、カメルーン、中央アフ

リカ共和国、中国、コモロ連合、コンゴ、エリトリア、エチオピア、ジョージア、ガーナ、ギニア、ギニアビサウ、ガイアナ共和国、ホンジュラス、インド、ケニア、キルギスタン、マダガスカル、マラウイ、マリ、モーリタニア、モンゴル、モザンビーク、ネパール、ニカラグア、ニジェール、ナイジェリア、パキスタン、ルワンダ、セネガル、シエラレオネ、スリランカ、スーダン、トーゴ、ウガンダ、タンザニア、ベトナム、イエメン、ザンビア

153

第7章
国際貿易と為替レート
―― 為替レートパススルーの新しい証拠：
国内港別の細分化貿易データの分析 ――

7-1 はじめに

　為替レートパススルー (exchange rate pass-through、ERPT) は、為替レートの変化に対応する貿易財価格の変化を示すものである。為替レートの変化率に対して、貿易財価格の変化率が小さい場合を「不完全なパススルー」と呼んでいる。この研究分野は古くからあり、1980年代までは、為替レートの変化が国内インフレーションに与える影響に主眼が置かれ、マクロ的なデータに基づいた分析が中心であった。しかし、Dornbusch (1987) の理論研究により、為替レートパススルーはミクロ的な要因が重要であることが指摘された。具体的には、不完全競争の要素である有限な企業数や需要の有限な弾力性が、不完全なパススルーを生み出すことを説明した。一方、Krugman (1987) はこの研究分野をさらに別の方向へと発展させた。不完全なパススルーを生み出す要因が、為替レートの変化に伴う国際間の価格差を同様に発生させることを指摘し、この背景にある企業行動を市場別価格設定 (pricing-to-market、PTM) と呼んだ。この二つの重要な研究以降、非常に多くの研究が理論的にも実証的にも行われるようになった[1]。

　近年の実証研究では、輸出企業のミクロ経済学的な価格設定行動を考慮して、より細分化されたデータに基づく研究結果が報告されている。Takagi and Yoshida (2001) では、日本の国際貿易の最も詳細な分類である (Harmonized Commodity Description and Coding System、HS) 9桁分類の

---

1) Goldberg and Knetter (1997) のサーベイを参照のこと。

製品に基づいて、アジア諸国との輸出入の為替レートパススルーを分析した。Gaulier, Lahrèche-Révil, and Méjean（2008）では、国際共通基準で最も細分類であるHS 6桁分類のデータを用いて、多くの輸出国の為替レートパススルーを分析している。

一方では、特定の製品市場に焦点を当てて、輸出企業の価格設定行動をより深く考察している研究もある。Kadiyali（1997）は構造的な計量経済学の枠組みを用いることで、米国のフィルム産業の市場構造と価格設定行動の相互作用について分析している。Bernhofen and Xu（2000）では、石油化学製品市場において、市場シェアが為替レートパススルーに与える効果を分析して、ドイツと日本の輸出企業が市場占有力を行使していると結論づけた。

しかし、企業レベルデータによる数少ない分析を除けば、HS分類の最も細かい品目内にも集計バイアスの問題は存在する。同一品目内でも、異なる企業による輸出品が混在したり、互いに差別化された財や、異なる国内地域から出荷されている財が混合している場合も考えられる。この品目内の集計バイアスの問題はよく知られているが、日本のHS 9桁分類ならびに米国のHS10桁分類においては、それ以上の細分化ができないため、品目内バイアスに焦点を当てた研究はまだ存在していない[2]。本章では、この問題に対応する方法を提示する。

本章では、日本のHS 9桁分類の貿易データをさらに分割するために、出荷港別の貿易データを用いて、輸出港別の為替レートパススルーを計測する。財務省税関局は、税関支所や国際港別に国際貿易のデータを公表している[3]。このような港別ベースであり、かつ細分類品目の貿易データを用いた実証分析は為替レートパススルーの分野ではまだ行われていない。

---

2) 細分類の分析例としては、Takagi and Yoshida（2001）では、日本の国レベルでの11品目のHS 9桁製品輸出を分析していて、Parsons and Sato（2008）では、同様に27製品の輸出を分析している。Banik and Biswas（2007）では、アメリカの二つのHS10桁製品輸入の共和分分析を行っている。

3) 元データセットは、各港につき800以上のファイルに分散していたため、本章では一つのファイルに集約した港別国際貿易データセットを構築した。

製品・輸出国・輸入国市場の違いなどが為替レートパススルーの異質性の原因として、多くの実証研究（例えば Knetter, 1993）によって示されてきた。これまでに明らかにされた原因に加えて、出荷される国内地域によっても、為替レートパススルーに異質性を生じさせるかを検証することには意義がある。最も細分類された品目で、出荷地域により為替レートパススルーが異なる原因としては、次の二つのケースが考えられる。(1)異なる品質の製品を輸出している競合企業が、それぞれ別地域で生産している場合、(2)同一企業であるが、異なる品質の製品をそれぞれ別地域の工場で生産している場合、である。第7-4節では、輸出企業が港間で異なる価格設定行動をしているかの検定を行う。主要な結果を要約すると、輸出価格は、HS 4桁産業と輸入国をコントロールした上でも、国際港別に異なる価格が設定されていて、なおかつ為替レートに対して異なる反応を示すことが示された。本章の重要な貢献は、（既に先行研究で示された）品目や輸出国や最終市場の違いに加えて、国内の生産地域の違いも製品差別化の要因の一つであり、それが為替レートパススルーの大きさに影響を与えることを示したことである。

本章の以下の構成としては、簡単な実証モデルを第7-2節で提示して、データの構造の説明を第7-3節で行い、港別の為替レートパススルーが異なることの証拠を第7-4節で示す。第7-5節では、推定方法の頑健性を確認して、為替レートパススルーの異質性の原因となっている要因を考察する。最後の第7-6節で本章の結論をまとめてある。

7-2　推定モデル

本節では、パネルデータモデルの枠組みにおける、為替レートパススルーを推定するための輸出価格式を提示する。具体的には、Knetter (1989) と Takagi and Yoshida (2001) で用いられた二元配置固定効果パネルモデル (two-way fixed effect panel model) を拡張したモデルを提唱する。本章ではパススルー係数だけでなく、各港の異質性を反映する価格差が存在するか

を検証するために、港の個別効果（ダミー変数）の推定値にも着目する。

輸出国には全てで I の数の地域があり、ある i 地域（$i\in I$）で k 財を製造している輸出企業を想定する[4]。輸出企業は、利潤最大化に基づき、外国 j における需要要因（D_{ijkt}）と限界費用（MC_{ijkt}）と為替レート（S_{jt}）の下で、輸出国建て通貨で輸出価格（P_{ijkt}）を設定する（詳しくは Knetter（1989）、Athukorala and Menon（1994）、Takagi and Yoshida（2001）を参照）。

$$P_{ijkt}=f(D_{ijkt},MC_{ijkt},S_{jt}) \qquad (7\text{-}1)$$

産業の分類を十分に細分化（例えば HS 4 桁産業）することで、産業内における限界費用の違いは無視できる程度となる。そのため限界費用は、国内地域と輸入国ならびに時間に対して変化するが、（同産業内では）特定の財 k に依存しないことを、（MC_{ijt}）として表す。また、需要要因に関しては、次の三つの要因に分割できると仮定する。輸出地域と輸入国に依存した需要要因（D_{ij}）、輸入国と製品に依存した需要要因（D_{jk}）、輸入国と時間に依存した需要要因（D_{jt}）。ここで注意すべき点は、輸出企業の国内地域における所在地が重要でなければ、輸入国を固定した場合には D_{ij} は変化しないことになる。これらの仮定を考慮したものが次の（7-2）式である。

$$P_{ijkt}=f(D_{ij},D_{jk},D_{jt},MC_{ijt},S_{jt}) \qquad (7\text{-}2)$$

さらに、輸入国と産業を固定することで（添え字の j が消えて）、ログ線形の輸出価格式は次の（7-3）式のように表すことができる。

$$\ln P_{ikt}=\alpha_i+\alpha_k+\lambda_t+\beta\ln MC_{it}+\gamma_i S_t+\varepsilon_{ikt} \qquad (7\text{-}3)$$

上記で、α_i は輸出地域ダミー、α_k は製品ダミー、λ_t は時間ダミーを表し、需要の構成要素を反映する[5]。i 地域で生産された HS 9 桁分類の k 製品の輸出価格（P_{ikt}）は、t 期に日本円で設定されている。為替レート（S_t）は、輸

---

[4] この節では、k を状況に応じて、製品と輸出企業と使い分けている。
[5] 輸入国別に推定を行うので、添え字の j が外れていることに留意されたい。

入国通貨一単位を日本円で表した価値であり、数値の上昇は円安を示している。そのため、γ_i は輸出地域特有の為替レートパススルー弾力性を示し、値がゼロの時に完全なパススルーを表し、値が1の時にパススルーがゼロであることを示すことに注意が必要である。ε_{ikt} は攪乱項を示す。

　もし、限界費用は等しいが、異なる地域に立地する輸出企業が、一定の代替弾力性を持つ需要がある輸入国市場において、財バラエティの一つを生産して独占的競争をするのであれば、均衡における地域間の輸出価格差はゼロになる。また、地域ダミー α_i の係数は全ての地域で等しくなる、すなわち輸出地域に基づく需要要因から価格差は生じない。さらに、このような時には、為替レートの変動に対する各企業の輸出価格の反応にも同様なことが言える、すなわち地域特有の為替レートパススルー係数が等しくなる。しかし、地域の異なる輸出企業が、Flam and Helpman（1987）の垂直的差別化財モデルのように、それぞれ異なる品質の製品を生産していれば、地域ダミーと為替レートパススルー係数は異なる値を取ると考えられる。

7-2-1　推定方法に関する諸問題

　細分類であるHS 9桁レベルでは、ある (i,j,k) の組み合わせに対して観測数が非常に少ないことが頻繁に発生する。この問題を克服するために、同じHS 4桁産業に属するHS 9桁品目を全てプールして推定した。すなわち、HS 9桁ダミーで品目毎の価格差をコントロールしながら、為替レートパススルーはHS 4桁産業のものを推定している[6]。各推定式において輸入国とHS 4桁産業を固定しているので、為替レートパススルーの異質性の要因は輸出港の違いのみとなる。

　特定の輸入国とHS 4桁産業につき、(7-4) 式のような輸出価格式が得られる。

---

6) Gaulier et al.（2008）も同様に、HS 6桁コードの固別効果をコントロールしながら、HS 4桁レベルの為替レートパススルーを推定した。

$$\ln P_{ikt} = \alpha_{ik} + \alpha_m + \lambda_t + \beta \ln MC_{it} + \gamma_i S_t + \varepsilon_{ikt} \qquad (7\text{-}4)$$

ここで、α_{ik} は輸出地域と HS 9 桁品目の積ダミー[7]であり、月次の季節調整ダミー（α_m）が加えられている。

　異なる輸出港間における為替レートパススルーの不均一性を分析するために、(7-4) 式において $H_0: \gamma_i = \gamma_{i'}, \forall i, i' \in I$ の帰無仮説を検定する。全ての係数 γ_i が等しいとした制約付き (7-4) 式を推定した残差二乗和と、制約の無い (7-4) 式を推定した残差二乗和とを用いた F 検定を行った。為替レートパススルーは、輸出企業の為替レートの変動に対する価格設定行動によって影響を受ける。例えば、為替レートが変化した時に、異なる需要弾力性に面している輸出企業であれば、他の輸出企業と異なる価格設定の反応をすることが可能になる。そのため、帰無仮説 H_0 の棄却は、同じ産業内でも輸出国内の地域間において製品差別化が行われ、各地域の輸出企業が市場占有力を示していることを支持する証拠となる。

　為替レートパススルーは輸出企業の動的な反応であるが、そもそも日本の各輸出港において輸出価格が異なる水準に設定されているかを検証することも重要である。そのため、(7-5) 式において輸出港の固別効果である α_i が互いに統計的に有意に異なるかの検定を行う。

$$\ln P_{ikt} = \alpha_i + \alpha_j + \alpha_k + \alpha_m + \lambda_t + \beta \ln MC_{it} + \gamma_i S_t + \varepsilon_{ikt} \qquad (7\text{-}5)$$

　貿易港の固別効果の係数の不均一性を検証するにあたり、(7-5) 式における帰無仮説 $H_1: \alpha_i = \alpha_{i'}, \forall i, i' \in I$ の帰無仮説を検定する。固別効果の係数の制約付きの回帰式を推定した残差平方和と、制約の無い回帰式の残差平方和から F 検定を行った。

---

7)　例えば、5つの港と10個の製品がある場合には、(7-3) 式では15のダミー変数で良いが、この特定化の場合には50のダミー変数が必要となる。

7-3 データ

本章では、財務省税関局が提供する税関支局別の貿易データを用いて、輸出港別の輸出為替レートパススルーを検証する[8]。国際港別の貿易データベースのサイズは非常に大きくなるために、800以上ものファイルに分割されている。本章では、この分割されているファイルから一つのデータベースを構築した。

7-3-1 輸出単位価格、為替レート、限界費用

1988年1月から2005年12月までの日本の五大主要港（東京・横浜・名古屋・大阪・神戸）から六大主要相手国（中国・韓国・台湾・香港・米国・ドイツ）向けのHS 9桁レベルの月次の輸出単位価格（unit price）を用いた。補論7-1に列記されている50種類のHS 4桁製品グループを本章で選択した。HS 9桁品目としては合計815品目となった。

単位価格は、輸出金額を単位数で割ることで計算され、単位が明確にされていない場合のみ重量が用いられた。輸出価格は日本円で表示され、月次の平均為替レートはIMFの *International Financial Statistics*（IFS）を利用し、外国通貨一単位の日本円の価値として表示される。そのため本章の定義では、完全なパススルーの為替レート弾力性（γ_i）はゼロとなり、パススルーがゼロの場合の為替レート弾力性は1となることに注意が必要である。

輸出単位価格については、実際の輸出価格の代理変数として用いられることの問題が指摘されている。Lipsey, Molinari, and Kravis（1991）は、特に製品の品質が大きく変化する場合、製造品の個別価格の代理変数として単位価格を用いるのは不正確であると指摘している。研究者の中には、例えばAthukorala and Menon（1994）のように、この問題に注意して、日本輸出

---

[8] 全てで209カ所ある財務省直管の税関事務所が国際貿易を行っている港や空港の近くに所在している。関税局に提出義務のある輸出申告書には、日本の輸出港、仕向国、日本円建ての出荷額、輸出日、HS 9桁分類の品目コード等が含まれている。

の価格指数を用いる対応をしている。残念ではあるが、Athukorala and Menon (1994) で用いられた価格指数は、HS 9桁分類や港別では存在していない。

(7-3) 式の限界費用変数の MC_{it} の代理変数は、月次頻度で時変的であり、なおかつ地域特有である必要がある。本章では、エネルギーの投入費用と国内輸送費用を反映していることに着目して、地域別ガソリン小売価格を限界費用の代理変数として用いた。

7-3-2 データの選択基準

細分化データを用いる弱点は、活発に貿易が行われない製品が多くあるため、多くの観測データが存在しないことである（貿易量や貿易金額はゼロとして用いることができるが、単位価格は計算することができない）。データの観測数が少ない製品を排除するために、輸出地域・輸入国・HS 4桁分類の産業を選択する際に次の三つの基準に従った。第一に、輸出地域の選択に関しては、金額ベースで最も高い貿易を行っている五つの輸出港を選んだ。表7-1で、日本の輸出の40-60%は、東京・横浜・名古屋・大阪・神戸から出荷されていることが示されている。これらの輸出港全体のシェアは、サンプル期間中に徐々に低下傾向にあるが、日本全体の輸出の大部分を占めていることに変わりはない。

第二に、輸入国に関しては、1988年から2005年まで、日本との貿易量が最大である六カ国を選択した。この基準による輸入国は、米国・中国・台湾・韓国・香港・ドイツとなった。この輸入国数の選択基準は、少なくとも欧州から一つの国が含まれるようにした。これら六カ国向けの日本の輸出は、日本の輸出全体の約60%を占めることが表7-2に示されている。

第三に、HS 4桁分類の製品グループに関しては、最も輸出金額の大きい50産業が選択された（補論7-1参照）[9]。実際には、50位内の再輸出［0000］

---

9) 最も貿易されている HS 4桁の50産業は輸出全体の65%、100産業では78%、200産業では90%、300産業では95%を占めている。

表7-1　日本の主要5港の輸出シェア

(10億円)	1988	1992	1996	2000	2004
日本	33,986	43,137	44,887	51,848	61,333
東京	12.4%	11.8%	9.9%	8.7%	7.2%
横浜	17.4%	16.9%	15.8%	11.8%	11.3%
名古屋	11.3%	12.5%	13.5%	12.4%	13.4%
大阪	5.4%	4.7%	4.5%	3.1%	3.3%
神戸	12.5%	13.0%	9.2%	8.0%	7.9%
5港合計	59.1%	58.8%	52.9%	44.0%	43.1%

表7-2　日本の主要な輸出相手国

(10億円)	1988	1992	1996	2000	2004
世界	33,986	43,137	44,887	51,848	61,333
アメリカ	11,500 (0.34)	12,147 (0.28)	12,210 (0.27)	15,388 (0.30)	13,762 (0.22)
中国	1,220 (0.04)	1,518 (0.04)	2,394 (0.05)	3,297 (0.06)	8,003 (0.13)
台湾	1,858 (0.05)	2,700 (0.06)	2,838 (0.06)	3,896 (0.08)	4,570 (0.07)
韓国	1,992 (0.06)	2,268 (0.05)	3,205 (0.07)	3,327 (0.06)	4,805 (0.08)
香港	1,507 (0.04)	2,638 (0.06)	2,769 (0.06)	2,939 (0.06)	3,838 (0.06)
ドイツ	2,025 (0.06)	2,581 (0.06)	1,985 (0.04)	2,160 (0.04)	2,053 (0.03)

(注)最初の数値は日本の輸出額を、カッコ内の数値は日本の対世界輸出に占めるシェアを示している。

と船舶［8901］を外して第51番目と第52番目を含めることになった。再輸出［0000］は全ての製品を含んでいるために単位価格に意味がなく、船舶［8901］は非常に観測数が少なかった（129データ数）ため、選択から除外された。

　これらの上位50産業の1988年から2005年までの輸出総額は、輸出全体の多

くを占めており（補論7-1参照）、50産業の各輸出港の輸出金額も表7-1の輸出シェアと近いものとなっている。具体的には、東京港が50兆円、横浜港が68兆円、名古屋港が71兆円、大阪港が16兆円、神戸港が35兆円となっている。

7-4 推定結果

7-4-1 輸出港間の ERPT 係数の均一性の検定

（7-4）式を用いて、各 HS 4桁産業ならびに各輸入国について、それぞれのパネルデータ分析による推定を行った。表7-3には、例として、韓国向けの輸出について推定された係数（γ_i）が示されている。最初の列のカッコ内には1988年から2005年までの日本輸出総額における順位が示されている。第2列の HS 4 産業コードの説明に関しては補論7-1に示されている。第3列から第7列に輸出港別の為替レートパススルー係数の推定値が示されている。星印（*）は過剰なパススルーのケースを示し、推定値が統計的に有意にゼロ以下である場合を示す。過剰なパススルーの場合には、円の増価率以上に日本の輸出製品の外貨建て価格が上昇することを示す。シャープ（#）は推定値が統計的に有意に1以上であることを示す。このようなケースは、Froot and Klemperer（1989）により perverse パススルーと呼ばれ、円が増価したとき、日本の輸出製品の外貨建て価格が逆に下落することを示す。星印もシャープも付いていない推定値は、為替レート係数が0から1の範囲である帰無仮説が棄却できないことを示している[10]。

次の2つの列は、回帰式の当てはまりと観測数が示されている。右から3つ目の列は、5つの輸出港のパススルー係数が均一であるという帰無仮説のF検定の統計量が示されている。最後の2列のLMとDWは、誤差項の均

---

10) ここでは Takagi and Yoshida（2001）と Mallick and Marques（2008）の二つの帰無仮説アプローチを踏襲している。

表7-3 対韓国為替レートパススルー推定値

	HS4	東京	横浜	大阪	神戸	名古屋	修正済R^2	観測数	F Stat	LM	DW
[01]	8703	0.427	0.205	1.313	0.386	0.555	0.68	1512	2.1*	1.66	1.62
[02]	8542	1.211	0.352	0.121	0.544	-0.005	0.87	9626	23.0***	12.9***	1.18
[03]	8708	0.306	0.444	0.357	0.434	-0.222	0.44	8580	23.1***	294***	1.00
[04]	8471	0.473	0.141	0.842	-0.464	-0.173	0.61	8082	5.5***	349***	1.33
[05]	8473	-0.109	0.458	0.315	-0.369	0.906	0.22	2861	9.9***	63.5***	1.29
[06]	8525	0.270	-0.296	-0.014	0.777	0.071	0.46	3070	13.3***	104***	1.46
[07]	8704	-2.378	-0.440	-0.582	-2.038*	-1.285	0.73	365	0.8	0.71	1.88
[08]	8479	0.597	0.377	0.313	0.235	0.242	0.86	4817	2.2*	10.2***	1.70
[09]	8541	0.176	-0.545	-0.166	-1.448*	0.005	0.73	11071	30.2***	187***	1.00
[10]	9009	0.354	-0.492	0.121	1.925##	-0.210	0.35	2469	32.4***	13.3***	1.18
[11]	8407	0.532	0.752	0.484	0.162	-0.082	0.37	1582	8.0***	0.78	1.51
[12]	8517	0.829	1.155	2.737	0.107	2.001	0.62	1771	5.7***	145***	1.19
[13]	8711	2.169##	1.694#	0.607	1.024	0.875	0.79	1466	15.5***	79.9***	1.58
[14]	8409	-0.472	-0.352	0.932	-0.700*	-0.123	0.36	4062	31.3***	1.09	1.26
[15]	8536	0.223	0.189	0.086	0.122	0.378	0.31	9219	2.8**	233***	1.18
[16]	8540	0.244	0.112	1.137	0.876	0.222	0.74	4025	17.3***	38.4***	0.90
[17]	8429	-1.567	-0.462*	0.511	-0.093	0.733	0.66	1367	8.1***	0.56	1.76
[18]	8529	-0.726	0.701	0.030	0.217	0.148	0.52	2630	19.9***	1.77	1.08
[19]	8521	0.060	-0.346	-0.220	0.860	0.207	0.27	782	2.1*	16.8***	1.46
[20]	4011	-0.666	0.597	-0.365	0.257	-0.258	0.65	1377	19.5***	3.22*	1.56
[21]	8414	-0.095	0.037	0.306	0.180	-0.198	0.43	7728	7.3***	135***	1.55
[22]	8528	0.079	1.271	-0.813	1.079	0.691	0.33	1783	4.4***	40.6***	1.38
[23]	8532	-0.895	0.723	0.013	1.176	-0.084	0.32	6169	45.0***	1.77	0.78
[24]	8543	0.334	-0.421	-0.566	-0.158	2.307	0.54	2807	18.4***	77.4***	0.96
[25]	8523	1.209	-0.063	0.407	0.349	1.247	0.58	3143	11.1***	92***	1.15
[26]	8483	0.548	0.505	0.955	0.793	0.020	0.28	11572	36.4***	309***	1.36
[27]	9018	0.425	-0.202	-0.059	0.086	-0.504	0.78	5837	11.9***	7.68***	1.41
[28]	7210	-0.327	-0.584	0.852	0.171	0.668	0.97	2352	30.2***	4.03**	1.24
[29]	9010	-0.597	-0.280	1.027	-0.301	-0.167	0.83	2109	5.4***	4.12***	1.04
[30]	7208	1.098	0.293	0.511	0.426	0.014	0.99	3029	3.7***	2.81*	1.62
[31]	8504	0.122	0.776	0.459	0.137	0.005	0.36	7872	13.3***	0.07	1.26
[32]	8507	0.969	0.214	0.671	-0.151	0.332	0.58	2676	8.1***	0.97	1.32
[33]	8482	1.115	0.068	0.145	0.155	-0.565	0.62	7147	65.9***	473***	1.34
[34]	8527	-0.047	0.375	1.792	0.164	0.557	0.69	2504	5.2***	0.1	0.92
[35]	7304	0.312	0.206	0.290	0.085	0.180	0.94	4983	0.6	2.16	0.90
[36]	8413	0.284	0.077	0.140	0.163	-0.531	0.36	9109	34.6***	200***	1.53
[37]	8408	-0.567*	-0.400	0.021	1.319	-0.879	0.47	2407	57.0***	70.3***	1.28
[38]	7209	0.660	0.850	0.672	1.137	0.505	0.99	2221	1.5	11.1***	1.59
[39]	8522	-0.902*	-1.312**	0.784	0.578	-1.591	0.53	1170	24.2***	42.9***	1.31
[40]	8481	-0.067	-0.003	0.094	0.048	-0.436	0.35	9588	23.1***	143***	1.26
[41]	9504	-0.740	0.943	-0.395	-1.271	2.109	0.30	1678	16.9***	7.4***	1.24
[42]	9030	-0.533	-0.561	0.525	-0.703**	-0.092	0.67	4913	14.8***	107***	1.60
[43]	8501	-0.081	0.074	-0.118	0.731	-0.116	0.32	11360	29.5***	29.2***	1.41
[44]	8537	-0.497*	-0.329	0.156	0.104	-0.441	0.13	1367	5.5***	10.6***	1.64
[45]	8477	0.140	1.158	2.208##	0.612	1.305	0.35	3687	18.6***	15.2***	1.72
[46]	8544	-0.085	-0.186	-0.056	-0.240	0.037	0.44	8019	1.6	121***	1.42
[47]	7225	1.855	0.842	0.438	1.335	1.868	0.94	2043	11.6***	42.3***	0.69
[48]	9001	1.419	0.376	0.842	1.118	1.861	0.69	1815	6.5***	18.4***	1.18
[49]	8534	-0.291	0.487	-0.284	-0.625	-1.726	0.38	995	21.1***	0.0	1.23
[50]	8511	-0.165	0.252	0.170	-0.042	0.094	0.49	3919	2.4**	23.7***	1.32

(注) 係数が0より大きい片側検定で、1%(5%)水準で統計的に有意な場合は **(*)で示している。係数が1より小さい片側検定で、1%(5%)水準で統計的に有意な場合は##(#)で示している。F stat の数値は全ての港の為替レートパススルーの係数が同じである帰無仮説のF検定量を示している。LMは撹乱項の分散が均一である帰無仮説の検定、DWは不揃いのパネルデータの場合のDurbin-Watson検定である。F stat と LM の検定量が1%、5%、10%水準で統計的に有意な場合には、***、**、* で示している。

一性の帰無仮説と自己相関が無い帰無仮説を検定するそれぞれの統計量が示されている。多くの場合にLMとDWの統計量が誤差項の正規性を棄却しているので、頑健な標準偏差を用いた。

300本（50産業×6輸入国）の為替レートパススルー回帰式では、日本の輸出港においてパススルー係数が均一であるという帰無仮説は、1％の有意水準で80％のケースにおいて棄却された[11]。輸入国・産業・輸出港間の価格差をコントロールした上でも、このパススルー係数の均一性が棄却される結果から、為替レートの変化に対する輸出品価格の反応は、輸出港別に異なることが示された[12]。

全てで1500の推定値があるため[13]、表に示された結果を概観するだけで主要な結論を導くことは困難である。そのため、表7-4に要約を表7-5と図7-1にカーネル密度推定（kernel density estimation）の結果を示している。

7-4-2 港別ERPTの分布特性

パススルー係数の推定値は輸出港別に図7-1と表7-5にまとめられている。表7-5では港のパススルー平均値に明確な違いが観測され、高パススルー（東京港）、中間パススルー（横浜港・名古屋港・神戸港）、低パススルー（大阪港）に区分することが可能である（高い数値が低いパススルーであることに留意）。大阪港の低パススルーは表7-4の平均パススルーの比較においても明らかである。大阪港の為替レートパススルーは、中国を除いて全ての輸入国おいて一番低い（係数の推定値は高い）。

また、パススルーの分散度合いも港間で異なり、大阪港が特に大きい分散を示している。カーネル密度分布は（完全なパススルーを示す）ゼロに歪ん

---

11)　1％の統計的有意水準では300中240で帰無仮説が棄却され、10％水準では300中268で帰無仮説が棄却された。
12)　誤差項の分散が不均一の場合には検定結果に注意が必要である。誤差項が不均一分散の場合には、F検定のタイプⅠエラーの実際の確率はもっと小さい可能性がある。しかし、この分析で得られたF検定統計量の多くは、1％の統計的有意水準の棄却限界値よりもずいぶん大きな値であるため、結論に大きな影響を与えないと考えられる。
13)　50のHS4桁グループ、5つの輸出港、6つの輸入国である。

表7-4 為替レートパススルー推定値の概要

	東京 Excess	東京 Normal	東京 Perv	横浜 Excess	横浜 Normal	横浜 Perv	大阪 Excess	大阪 Normal	大阪 Perv	神戸 Excess	神戸 Normal	神戸 Perv	名古屋 Excess	名古屋 Normal	名古屋 Perv
韓国	6%	92%	2%	4%	94%	2%	0%	98%	2%	8%	90%	2%	10%	86%	4%
	\multicolumn{3}{c	}{0.14 (0.13)}			0.20 (0.19)			0.36 (0.39)			0.32 (0.23)			0.26 (0.21)	
中国	6%	92%	2%	0%	98%	2%	2%	94%	4%	0%	96%	4%	10%	88%	2%
		0.41 (0.33)			0.42 (0.46)			0.53 (0.60)			0.59 (0.63)			0.23 (0.18)	
台湾	14%	82%	4%	2%	94%	4%	0%	94%	6%	8%	90%	2%	6%	86%	8%
		0.32 (0.15)			0.37 (0.46)			0.64 (0.77)			0.45 (0.39)			0.53 (0.73)	
香港	16%	82%	2%	0%	96%	4%	10%	84%	6%	4%	94%	2%	14%	82%	4%
		0.31 (0.01)			0.36 (0.43)			0.58 (0.50)			0.30 (0.26)			0.21 (0.13)	
ドイツ	0%	98%	2%	4%	92%	4%	2%	90%	8%	6%	94%	0%	2%	94%	4%
		0.40 (0.44)			0.34 (0.25)			0.60 (1.57)			0.27 (0.17)			0.54 (-0.14)	
アメリカ	2%	98%	0%	2%	94%	4%	4%	90%	6%	0%	94%	6%	0%	94%	6%
		0.73 (0.61)			0.67 (0.63)			0.89 (0.91)			0.56 (0.63)			0.57 (0.64)	

(注)"Perv"は為替レートパススルーの推定値が統計的に有意で1より大きい場合、"Excess"は統計的に有意で0より小さい場合を示している。パーセンテージの下の最初の数値(カッコ内の数値)は、"Normal"な(全体の)為替レートパススルー推定値の平均を示している。

表7-5 輸出港別為替レートパススルーのカーネル密度推定統計量の概要

	ピーク	平均	分散	歪度	尖度
東京	0.50	0.30	0.089	-0.027	0.0079
横浜	0.40	0.40	0.155	-0.061	0.0240
名古屋	0.15	0.40	0.154	-0.060	0.0236
大阪	0.35	0.65	0.407	-0.259	0.1655
神戸	0.20	0.38	0.142	-0.054	0.0202

(注)カーネル密度は、輸入国別の300個の為替レートパススルー推定値を用いて、バンド幅0.15のガウスカーネルを推定した。カーネル密度は、[-6, 6]の範囲で00.5ごとに推定された。推定された密度関数の統計量を計算するためには[-6, 6]の範囲のみが利用された。

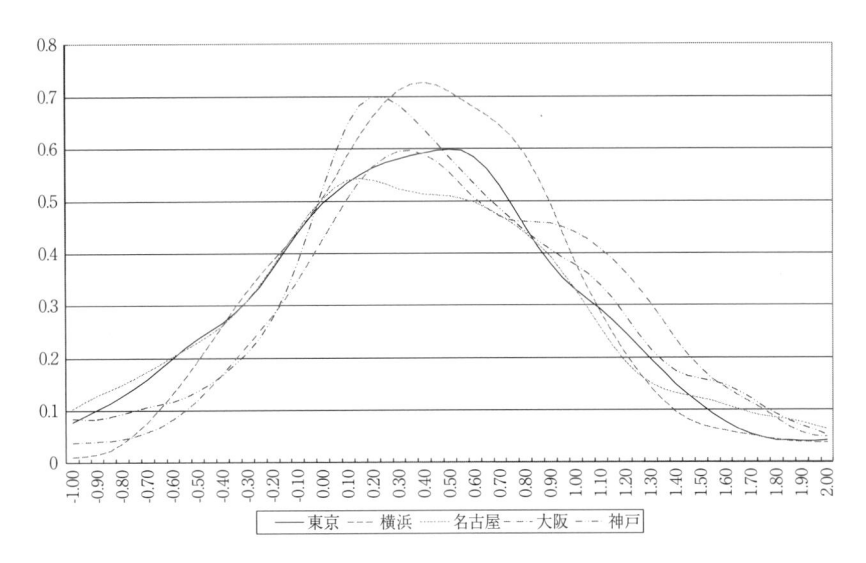

図7-1. (HS4)港別為替レートパススルーのカーネル密度推定

東京 --- 横浜 ······ 名古屋 --- 大阪 -- 神戸

でいて、大阪港の尖度の高さが厚い裾野の分布を持つことを示している。他の輸入国に比べて米国向けのパススルーが最も低いことは、Parsons and Sato（2008）の結果とも整合的である。

7-4-3 輸出港間の価格差

　前節までは、港間の為替レートパススルーの差異についての証拠を提供してきた。本節では、(7-5) 式の港固別効果を比較することで、さらに港間の価格差について分析を行う。表7-6には港の固別効果の均一性の検定結果が示されている。輸出価格は自然対数で表されているために、0.693は名目価格においては2倍になる。表7-6のF検定によると、自然対数を取った輸出価格に統計的に有意な違いがあることが示されている。HS 9桁分類に細分化しても、輸出価格は港によって異なる価格に設定されていると考えられる。

表7-6 港別固別効果係数の均一性の検定

	HS4	観測数	HS9	F Stat	LM		HS4	観測数	HS9	F Stat	LM
[01]	8703	17,279	20	71.3***	282.1***	[26]	8483	67,643	15	258.2***	104.2***
[02]	8542	54,723	35	111.0***	308.6***	[27]	9018	41,720	24	78.9***	1496.2***
[03]	8708	70,530	17	521.7***	2269***	[28]	7210	18,388	22	348.9***	94.7***
[04]	8471	58,223	29	44.6***	2630***	[29]	9010	11,494	9	44.4***	29.4***
[05]	8473	18,812	6	84.6***	164.9***	[30]	7208	9,778	69	277.2***	0.2
[06]	8525	29,030	17	21.7***	158.9***	[31]	8504	48,468	25	151.2***	56.9***
[07]	8704	9,381	18	3.7***	157.1***	[32]	8507	22,183	9	37.6***	8.4***
[08]	8479	26,353	11	153.2***	53.16***	[33]	8482	41,151	9	1,615.1***	943.8***
[09]	8541	63,762	20	126.4***	1626***	[34]	8527	24,485	19	57.6***	861.2***
[10]	9009	16,306	10	91.7***	764.3***	[35]	7304	17,037	26	178.0***	46.2***
[11]	8407	15,091	14	77.1***	48.51***	[36]	8413	49,950	18	384.5***	244.7***
[12]	8517	22,850	21	32.1***	2626***	[37]	8408	17,553	9	258.3***	23.3***
[13]	8711	11,454	14	8.4***	518.9***	[38]	7209	13,921	41	492.6***	76.3***
[14]	8409	26,099	7	127.0***	376.8***	[39]	8522	8,502	3	83.1***	44.1***
[15]	8536	58,939	15	136.6***	596.9***	[40]	8481	52,421	10	203.2***	119.1***
[16]	8540	24,889	22	25.6***	14.63***	[41]	9504	12,077	6	70.1***	274.1***
[17]	8429	15,332	13	14.7***	1.375	[42]	9030	31,025	12	89.1***	1212.9***
[18]	8529	19,515	7	73.0***	204.9***	[43]	8501	63,430	27	122.2***	81.9***
[19]	8521	8,095	2	66.7***	7.592***	[44]	8537	7,843	2	24.8***	42.7***
[20]	4011	16,087	14	67.5***	301.6***	[45]	8477	20,609	10	58.4***	491.9***
[21]	8414	47,305	16	75.8***	597.6***	[46]	8544	59,567	29	106.4***	617.5***
[22]	8528	18,563	15	2.4**	233.9***	[47]	7225	6,724	23	119.7***	0.0
[23]	8532	38,293	10	10.3***	22.54***	[48]	9001	13,223	7	128.8***	47.9***
[24]	8543	16,385	10	93.3***	1273***	[49]	8534	6,103	1	n.a	47.9***
[25]	8523	23,363	14	62.1***	1437***	[50]	8511	35,937	13	47.1***	0.1

(注) 1％、5％、10％水準で統計的に有意な場合には、***、**、* で示している。F stat の数値は、固定効果の係数が全ての港で等しいという帰無仮説のF検定量である。HS9は、HS4桁産業内のHS9桁製品数の種類の数を示している。

7-5 頑健性の確認

表7-3のDurbin-Watson統計量から、推定式には自己相関があることが見

受けられる。そのため、一階の階差を取った変数を用いて、全ての回帰式を再推定した。修正 R^2 の数値はかなり低下したものの、DW 統計量からは回帰式に自己相関の問題は無くなった。一方、地域為替レートパススルーの均一性の帰無仮説を棄却できないケースが増えた。とはいえ、為替レートの変化に対して全地域の輸出価格が同様の反応をするという帰無仮説は、300本の産業・輸入国ペアの回帰式の内、半分以上で棄却されている。この頑健性の確認から、本章の結論は推定式の特定化に依存しないことが示された。

前節の実証結果から、為替レートの変化に対する貿易港別輸出価格は、港別に異なる反応をすることが示された。以下では、為替レートパススルーが港間で違いを生じさせている原因について検討する。具体的には次の三つの可能性について考えてみる、(1) 港の産業特化、(2) HS 4 桁産業内の HS 9 桁製品への特化、(3) 品質の差とヘドニック価格設定。

第一に、価格の反応の違いは、各港における産業構造の違いを反映させている可能性がある。ある地域(港)は、特定の産業に特化しているかもしれない。また、特定の産業に焦点を当てた場合、特別大きなシェアを有している地域は、他地域とは異なる価格設定をすることが可能かもしれない[14]。この問題が深刻であるかを確かめるために、各 HS 4 桁産業での各港のシェアを比較した。しかし、いずれの港も全ての産業において十分な大きさの輸出を行っている。また、例外としての自動車関連と鉄鋼関連産業を除くと、一つの港によって大半のシェアが占められている産業はない[15]。このことから、港間の為替レートパススルーが異なる理由としては、各港の産業特化パターンはそれほど重要でないと考えられる。

第二に、HS 4 桁産業内において、各港が特定の HS 9 桁製品に特化して

---

14) Froot and Klemperer (1989) は市場占有率と為替レートパススルーの関係を示した理論モデルを構築した。Brissimis and Kosma (2007) は、この関係について、アメリカ市場における日本の市場占有率を用いた実証的な分析を行った。

15) 例外は名古屋港が、自動車 [8703]、冷間圧延した鉄のフラットロール [7209]、合金のフラットロール [7225] において、それぞれ84%、72%、68%のシェアを占めている。別の例外は、神戸港がオートバイ [8711] で64%、横浜港がトラック [8704] で66%を占めている。

いる可能性がある。特定の HS 4 桁産業における港別為替レートパススルーの違いは、各港が異なる HS 9 桁製品に特化していた場合、異なる HS 9 桁製品の為替レートパススルーの違いを反映しているだけかもしれない。そこで、HS 9 桁品目数が単一かもしくは少ない HS 4 桁産業に焦点を当てることで、HS 9 桁製品の違いが重要な要因なのかを間接的だが確認することができる。印刷回路［8354］では HS 9 桁製品を一つだけしか含んでいないが、為替レートパススルーが港間で均一である帰無仮説は全てについて棄却されている。ビデオ機器［8521］と電気制御用又は配電用の盤［8537］にはそれぞれ二つの HS 9 桁製品しか含まれていないが、為替レートパススルーの港間均一性の帰無仮説は、12 中 11 の回帰式で棄却された。この分析からは、産業内における製品特化だけでは、為替レートパススルーの港間の違いを説明するのには十分ではなく、その他の要因が重要な役割を占めているように考えられる。

最後に、同じ HS 9 桁製品においても、各港の製品は互いに差別化されている可能性はある。表 7-6 の F 検定からは、輸入国と各 HS 9 桁製品の違いを固別効果によって除去した後でも、各港の製品は異なる価格設定が行われていることを示している。HS 9 桁製品の違いをコントロールした上でも生じる港間の価格差は、製品間に異なる品質があるか、垂直的製品差別化（Flam and Helpman, 1987）が行われているか、異なる要素の違いを反映しているヘドニック価格設定（Rosen, 1974）が行われていると考えることができる。本章の実証結果からは、異なる品質や異なる要素を組み入れた製品が、異なる地域によって生産されていることを示唆している。

7-6 結 論

近年の為替レートパススルーの実証研究では、非常に細かく細分化された製品を用いた分析が行われる傾向がある。これらの研究では、輸出国間、輸入国間、産業や製品間、で為替レートパススルーの違いが大きいことを示し

ている。本章では、既存の研究結果に新たな側面を追加する目的として、国内の異なる地域の国際貿易のデータを分析した。

本章の分析結果からは、細分化された産業を固定して、各製品の違いをコントロールした上でも、輸出価格は港間において異なる価格に設定されており、かつ為替レートの変化に対して異なる反応を示すことが明確にされた。この実証結果からは、(1)異なる地域に立地する企業が垂直的に製品差別化された製品を生産していたり、(2)同じ企業でも異なる品質の製品モデルを異なる地域の工場で生産している、ことが考えられる。このような企業行動は驚くことではないが、価格設定の実証分析において頑健な証拠を示すことができたことは驚くべき結果である。

補論7-1　選択された HS4桁産業

HS4桁コード	説明	順位	シェア
4011	ゴム製の空気タイヤ(新品のものに限る。)	[20]	0.8%
7208	鉄又は非合金鋼のフラットロール製品(熱間圧延をしたもので幅が600mm 以上のものに限るものとし、クラッドし、めつきし又は被覆したものを除く。)	[30]	0.5%
7209	鉄又は非合金鋼のフラットロール製品(冷間圧延をしたもので、幅が600mm 以上のものに限るものとし、クラッドし、めつきし又は被覆したものを除く。)	[38]	0.4%
7210	鉄又は非合金鋼のフラットロール製品(クラッドし、めつきし又は被覆したもので、幅が600mm 以上のものに限る。)	[28]	0.6%
7225	その他の合金鋼のフラットロール製品(幅が600mm 以上のものに限る。)	[47]	0.4%
7304	鉄鋼製の管及び中空の形材(継目なしのものに限るものとし、鋳鉄製のものを除く。)	[35]	0.5%
8407	ピストン式火花点火内燃機関(往復動機関及びロータリーエンジンに限る。)	[11]	1.1%
8408	ピストン式圧縮点火内燃機関(ディーゼルエンジン及びセミディーゼルエンジン)	[37]	0.5%
8409	第84.07項又は第84.08項のエンジンに専ら又は主として使用する部分品	[14]	1.0%
8413	液体ポンプ(計器付きであるかないかを問わない。)及び液体エレベーター	[36]	0.5%

8414	気体ポンプ、真空ポンプ、気体圧縮機及びファン並びに換気用又は循環用のフード(ファンを自蔵するものに限るものとし、フィルターを取り付けてあるかないかを問わない。)	[21]	0.8%
8429	ブルドーザー、アングルドーザー、地ならし機、スクレーパー、メカニカルショベル、エキスカベーター、ショベルローダー、突固め用機械及びロードローラー(自走式のものに限る。)	[17]	0.9%
8471	自動データ処理機械及びこれを構成するユニット並びに磁気式又は光学式の読取機、データをデータ媒体に符号化して転記する機械及び符号化したデータを処理する機械(他の項に該当するものを除く。)	[04]	3.4%
8473	第84.69項から第84.72項までの機械に専ら又は主として使用する部分品及び附属品(カバー、携帯用ケースその他これらに類する物品を除く。)	[05]	2.7%
8477	ゴム又はプラスチックの加工機械及びゴム又はプラスチックを材料とする物品の製造機械(この類の他の項に該当するものを除く。)	[45]	0.4%
8479	機械類(固有の機能を有するものに限るものとし、この類の他の項に該当するものを除く。)	[08]	1.7%
8481	コック、弁その他これらに類する物品(減圧弁及び温度制御式弁を含むものとし、管、かん胴、タンクその他これらに類する物品用のものに限る。)	[40]	0.4%
8482	玉軸受及びころ軸受	[33]	0.5%
8483	ギヤボックスその他の変速機(トルクコンバーターを含む。)、伝動軸(カムシャフト及びクランクシャフトを含む。)、クランク、軸受箱、滑り軸受、歯車、歯車伝動機、ボールスクリュー、ローラースクリュー、はずみ車、プーリー(プーリーブロックを含む。)、クラッチ及び軸継手(自在継手を含む。)	[26]	0.6%
8501	電動機及び発電機(原動機とセットにした発電機を除く。)	[43]	0.4%
8504	トランスフォーマー、スタティックコンバーター(例えば、整流器)及びインダクター	[31]	0.5%
8507	蓄電池(隔離板を含むものとし、長方形(正方形を含む。)であるかないかを問わない。)	[32]	0.5%
8511	火花点火式又は圧縮点火式の内燃機関の点火又は始動に使用する種類の電気機器(例えば、点火用磁石発電機、直流磁石発電機、イグニッションコイル、点火プラグ、予熱プラグ及びスターター)並びにこれらの内燃機関に使用する種類の発電機(例えば、直流発電機及び交流発電	[50]	0.4%

機)及び開閉器

8517	有線電話用又は有線電信用の電気機器(コードレス送受話器付きの有線電話機及びアナログ式又はディジタル式の有線通信機器を含む。)及びビデオホン	[12]	1.0%
8521	ビデオの記録用又は再生用の機器(ビデオチューナーを自蔵するかしないかを問わない。)	[19]	0.8%
8522	部分品及び附属品(第85.19項から第85.21項までの機器に専ら又は主として使用するものに限る。)	[39]	0.4%
8523	録音その他これに類する記録用の媒体(記録してないものに限るものとし、第37類の物品を除く。)	[25]	0.6%
8525	無線電話用、無線電信用、ラジオ放送用又はテレビジョン用の送信機器(受信機器、録音装置又は音声再生装置を自蔵するかしないかを問わない。)、テレビジョンカメラ及びスチルビデオカメラその他のビデオカメラレコーダー	[06]	2.0%
8527	無線電話用、無線電信用又はラジオ放送用の受信機器(同一のハウジングにおいて録音装置、音声再生装置又は時計と結合してあるかないかを問わない。)	[34]	0.5%
8528	テレビジョン受像機器(ラジオ放送用受信機又は音声若しくはビデオの記録用若しくは再生用の装置を自蔵するかしないかを問わない。)並びにビデオモニター及びビデオプロジェクター	[22]	0.7%
8529	第85.25項から第85.28項までの機器に専ら又は主として使用する部分品	[18]	0.9%
8532	固定式、可変式又は半固定式のコンデンサー	[23]	0.7%
8534	印刷回路	[49]	0.4%
8536	電気回路の開閉用、保護用又は接続用の機器(例えば、スイッチ、継電器、ヒューズ、サージ抑制器、プラグ、ソケット、ランプホルダー及び接続箱。使用電圧が1,000ボルト以下のものに限る。)	[15]	0.9%
8537	電気制御用又は配電用の盤、パネル、コンソール、机、キャビネットその他の物品(第90類の機器を自蔵するものを含み、第85.35項又は第85.36項の機器を二以上装備するものに限る。)及び数値制御用の機器(第85.17項の交換機を除く。)	[44]	0.4%
8540	熱電子管、冷陰極管及び光電管(例えば、真空式のもの、蒸気又はガスを封入したもの、水銀整流管、陰極線管及びテレビジョン用撮像管)	[16]	0.9%
8541	ダイオード、トランジスターその他これらに類する半導体デバイス、光電性半導体デバイス(光電池(モジュール	[09]	1.3%

又はパネルにしてあるかないかを問わない。)を含む。)、発光ダイオード及び圧電結晶素子

8542	集積回路及び超小形組立	[02]	4.8%
8543	電気機器(固有の機能を有するものに限るものとし、この類の他の項に該当するものを除く。)	[24]	0.6%
8544	電気絶縁をした線、ケーブル(同軸ケーブルを含む。)その他の電気導体(エナメルを塗布し又は酸化被膜処理をしたものを含むものとし、接続子を取り付けてあるかないかを問わない。)及び光ファイバーケーブル(個々に被覆したファイバーから成るものに限るものとし、電気導体を組み込んであるかないか又は接続子を取り付けてあるかないかを問わない。)	[46]	0.4%
8703	乗用自動車その他の自動車(ステーションワゴン及びレーシングカーを含み、主として人員の輸送用に設計したものに限るものとし、第87.02項のものを除く。)	[01]	13.0%
8704	貨物自動車	[07]	1.9%
8708	部分品及び附属品(第87.01項から第87.05項までの自動車のものに限る。)	[03]	3.8%
8711	原動機付きの自転車(サイドカー付きであるかないかを問わない。)及びサイドカー	[13]	1.0%
9001	光ファイバー(束にしたものを含む。)、光ファイバーケーブル(第85.44項のものを除く。)、偏光材料製のシート及び板並びにレンズ(コンタクトレンズを含む。)、プリズム、鏡その他の光学用品(材料を問わないものとし、取り付けたもの及び光学的に研磨してないガラス製のものを除く。)	[48]	0.4%
9009	感光式複写機(光学的機構を有するもの及び密着式のものに限る。)及び感熱式複写機	[10]	1.1%
9010	写真用又は映画用の材料の現像、焼付けその他の処理に使用する機器(感光性の表面を有する半導体材料に回路図を投影し又は描画する装置を含むものとし、この類の他の項に該当するものを除く。)、ネガトスコープ及び映写用又は投影用のスクリーン	[29]	0.6%
9018	医療用又は獣医用の機器(シンチグラフ装置その他の医療用電気機器及び視力検査機器を含む。)	[27]	0.6%
9030	離放射線の測定用又は検出用の機器	[42]	0.4%
9504	遊技場用、テーブルゲーム用又は室内遊戯用の物品(ピンテーブル、ビリヤード台、カジノ用に特に製造したテーブル及びボーリングアレー用自動装置を含む。)	[41]	0.4%

(注)貿易金額の最も多い52種類のHS4桁産業を選択した。「0000」(再輸出)は様々な製品を含むために排除された。「8901」(船舶)は観測値が少ないために排除された。

参考文献

Abe, S., 1997. Trade and investment relations of Japan and ASEAN in a changing global economic environment. *Kobe Economic and Business Review*, 42, 11-54.

Ahn, S. C. and Low, S., 1996. A reformulation of the Hausman test for regression models with pooled crosssection-time-series data, *Journal of Econometrics*, 71, 309-319.

Amador, J. and Cabral, S., 2009. Vertical specialization across the world: A relative measure, *North American Journal of Economics and Finance*, 20, 267-280.

Anderson, J. E., 1979. A theoretical foundation for the gravity equation, *American Economic Review*, 69(1), 106-116.

Anderson, J. E. and Wincoop, E., 2003. Gravity with gravitas: A solution to the border puzzle, *American Economic Review*, 93(1), 170-192.

Anderson, J. E. and Wincoop, E., 2004. Trade costs, *Journal of Economic Literature*, 42, 691-751.

Ando, M., 2006. Fragmentation and vertical intra-industry trade in East Asia. *North American Journal of Economics and Finance*, 17, 257-281.

Antweiler, W., Copeland, B. R., and Taylor, M. S., 2001. Is free trade good for the Environment?, *American Economic Review*, 91(4), 877-908.

Arellano, M., 1993. On the testing of correlated effects with panel data, *Journal of Econometrics*, 59, 87-97.

Arkolakis, C., Demidova, S., Klenow, P. J., and Rodríguez-Clare, A., 2008. Endogenous Variety and the Gains from Trade, *American Economic Review*, 98, 444-50.

Armington, P. S., 1969. A Theory of Demand for Products Distinguished by Place of Production, *International Monetary Fund Staff Papers*, 16, 159-78.

Arndt, S. W. and Kierzkowski, H., 2001. *Fragmentation: New Production Patterns in the World Economy*, Oxford, Oxford University Press.

Athukorala, P., and Menon, J., 1994. Pricing to market behaviour and exchange rate pass-through in Japanese exports, *The Economic Journal*, 104, 271-281.

Athukorala, P., 2003. Product Fragmentation and Trade Patterns in East Asia, Australia National University, Working Paper 2003/21.

Athukorala, P., and Yamashita, N., 2006. Production fragmentation and trade integration: East Asia in a global context. *North American Journal of Economics and Finance*, 17, 233-256.

Balassa, B., 1986. Intra-industry specialization: A cross-country analysis, *European Economic Review*, 30, 27-42.

Baltagi, B. H., 2001. *Econometric Analysis of Panel Data*, 2nd edition, John Wiley & Sons,

Ltd.

Baltagi, B. H., Bresson, G. and Pirotte, A., 2003. Fixed effects, random effects or Hausman-Taylor? A pretest estimator, *Economics Letters*, 79, 361-369.

Banik, N., and Biswas, B., 2007. Exchange rate pass-through in the U.S. automobile market: A cointegration approach, *International Review of Economics and Finance*, 16, 223-236.

Behrens, K., Gaigné, C., Ottaviano, G. I. P., and Thisse, J.-F., 2006. Is remoteness a location disadvantage?, *Journal of Economic Geography*, 6, 347-368.

Behrens, K., Gaigné, C., Ottaviano, G. I. P., and Thisse, J. F., 2007. Countries, Regions andTrade: On the Welfare Impacts of Economic Integration, *European Economic Review*, 51, 1277-301.

Behrens, K., Lamorgese, A. R., Ottaviano, G. I. P., and Tabuchi, T., 2009. Beyond the home market effect: Market size and specialization in a multi-country world. *Journal of International Economics* 79, 259-265.

Belderbos, R. and Sleuwaegen, L., 1998. Tariff jumping DFI and export substitution: Japanese electronics firms in Europe, *International Journal of Industrial Organization*, 16, 601-638.

Bergstrand, J. H., 1983. Measurement and determinants of intra-industry international trade. In: P. K. M. Tharakan (ed.), *Intra-Industry Trade: Empirical and Methodological Issues*, Amsterdam: North Holland.

Bergstrand, J. H. and Egger, P., 2010. A general equilibrium theory for estimating gravity equations of bilateral FDI, final goods trade, and intermediate trade flows, In: P. van Bergeijk & S. Brakman, *The Gravity Model in International Trade - Advances and Applications*, Cambridge: Cambridge University Press, 29-70.

Bernard, A. B. and Jensen, J. B., 1999. Exceptional exporter performance: Cause, effect, or both?, *Journal of International Economics*, 47, 1-25.

Bernard, A., Eaton, J., Jensen, J. B., and Kortum, S., 2003. Plants and Productivity in International Trade, *American Economic Review*, 93(4), 1268-1290.

Bernhofen, D. M., and Xu, P.. 2000. Exchange rates and market power: Evidence from the petrochemical industry, *Journal of International Economics*, 52(2), 283-297.

Besedes, T. and Prusa, T. J., 2007. The Role of Extensive and Intensive Margins and Export Growth, *NBER Working Paper*, No. 13628 (Cambridge, MA: National Bureau of Economic Research).

Blonigen, B. A., 2001. In search of substitution between foreign production and exports, *Journal of International Economics*, 53, pp. 81-104.

Blonigen, B. A., Wilson, W. W., 2008. Port efficiency and trade flows, *Review of International Economics*, 16(1), 21-36.

Brissimis, S. N., and Kosma, T. S.,2007. Market power and exchange rate pass-through, *International Review of Economics and Finance*, 16, 202-222.

Broda, C. and Weinstein, D. E., 2006. Globalization and the Gains from Variety, *Quarterly Journal of Economics*, 121, 541-85.

Chaney, T., 2008. Distorted Gravity: The Intensive and Extensive Margins of International

Trade, *American Economic Review*, 98, 1707-21.

Cheng, L. K. and Kwan, Y. K., 2000. What are the determinants of the location of foreign direct investment? The Chinese experience, *Journal of International Economics*, 51, 379-400.

Clausing, K. A., 2000. Does multinational activity displace trade?, *Economic Inquiry*, 38(2), 190-205.

Cole, M. A. and Elliott, R. J. R., 2003. Determining the trade-environment composition effect: The role of capital, labor and environmental regulations, *Journal of Environmental Economics and Management*, 46, 363-383.

Congressional Budget Office, 2005. Economic Relationships between the United States and China – Before the Committee on Ways and Means, US House of Representatives, April 14.

Davis, D. R. and Weinstein, D. E., 1999. Economic geography and regional production structure: An empirical investigation, *European Economic Review*, 43, 379-407.

Dobson, W. and Chia, S. Y., 1997. Multinationals and East Asian integration (Singapore: Institute of Southeast Asian Studies).

Dornbusch, R., 1987. Exchange rates and prices, *American Economic Review*, 77 (1), 93-106.

Economist, 2005. China's People Problem, April 14th.

Ederington, J., Levinson, A., and Minier, J., 2004. Trade liberalization and pollution havens, *Advances in Economic Analysis & Policy*, 4(2), Article 6, 1-22.

Ekholm, K., Forslid, R. and Markusen, J. R., 2003. Export-platform foreign direct investment, *NBER Working Paper*, No.9517.

Fæhn, T., and Bruvoll, A., 2009. Richer and cleaner– At others' expense?, *Resource and Energy Economics*, 31, 103-122.

Feenstra, R. C., 1994. New product varieties and the measurement of international prices. *American Economic Review*, 84(1), 157-77.

Feenstra, R.C., 2002. Border effects and the gravity equation: Consistent methods for estimation, *Scottish Journal of Political Economy*, 49(5), 491-506.

Feenstra, R.C., 2010. Measuring the Gains from Trade under Monopolistic Competition, *Canadian Journal of Economics*, 43, 1-28.

Feenstra, R. C. and Kee, H. L., 2004. On the measurement of product variety in trade. *American Economic Review Papers and Proceedings*, 94(2), 145-49.

Feenstra, R. C. and Kee, H. L., 2007. Trade Liberalisation and Export Variety: A Comparison of Mexico and China, *The World Economy*, 30, 5-21.

Feenstra, R. C. and Kee, H. L., 2008. Export Variety and Country Productivity: Estimating the Monopolistic Competition Model with Endogenous Productivity, *Journal of International Economics*, 74, 500-18.

Flam, H., and Helpman, E., 1987. Vertical product differentiation and North-South Trade, *American Economic Review*, 77(5), 810-822.

Frankel, J. and Andrew K., Rose, 1997. The endogeneity of the optimum currency area

criteria, mimeo.
Frankel, J. A. and Rose, A. K., 2005. Is trade good or bad for the environment? Sorting out the causality, *Review of Economics and Statistics*, 87(1), 85-91.
Froot, K. A., and Klemperer, P. D., 1989. Exchange rate pass-through when market share matters, *American Economic Review*, 79(4), 637-654.
Fujita, M., Krugman, P., and Venables, A. J., 1999. *The Spatial Economy: Cities, Regions, and International Trade*, Cambridge, Massachusetts, MIT Press.
Fukao, K., Ishido, H. and Ito, K., 2003. Vertical Intra-industry Trade and Foreign Direct Investment in East Asia, *Journal of the Japanese and International Economies*, 17(4), 468-506.
Fukasaku, K. and Kimura, F., 2002. Globalization and intra-firm trade: Further evidence. In: P. Lloyd & H. H. Lee (eds), *Frontiers of Research in Intra-Industry Trade*, New York: Palgrave Macmillan, 237-272.
Fung, K. C. and Iizaka, H., 1998. Japanese and US trade with China: A comparative Analysis, *Review of Development Economics*, 2(2), 181-190.
Galdon-Sanchez, J. E. and Schmitz, Jr, J. A., 2002. Competitive pressure and labour productivity: World iron-ore markets in the 1980's, *American Economic Review*, 92(4), 1222-1235.
Gaulier, G., Lahrèche-Révil, A., and Méjean, I., 2008. Exchange-rate pass-through at the product level, *Canadian Journal of Economics*, 41(2), 425-449.
Goldberg, P. K., and Knetter, M. M., 1997. Goods prices and exchange rates: What have we learned?, *Journal of Economic Literature*, 35(3), 1243-1272.
Greenaway, D., Hine, R., and Milner, C., 1994. Country-specific factors and the pattern of horizontal and vertical intra-industry trade in the UK, *Weltwirtschaftliches Archiv*, 130 (1), 77-100.
Greenaway, D., Hine, R., and Milner, C., 1995. Vertical and horizontal intra-industry trade: A cross industry analysis for the United Kingdom, *The Economic Journal*, 105, 433(Nov.), 1505-1518.
Grossman, G. M. and Krueger, A. B., 1993. Environment impacts of a North American Free Trade Agreement, in P. M. Garber, ed., *The Mexican-U.S. Free Trade Agreement*, MIT Press, Cambridge, MA.
Grossman, G., Helpman, E. and Szeidl, A., 2003. Optimal integration strategies of US multinational Firm, *NBER Working Paper*, No.10189.
Grubel, H. and Lloyd, P., 1975. *Intra-industry Trade. The Theory and Measurement of International Trade in Differentiated Products*, London: The Mcmillan Press.
Hanson, G., 1998. Regional adjustment to trade liberalization, *Regional Science and Urban Economics*, 28, 419-444.
Hausman, J. A., 1978. Specification tests in econometrics, *Econometrica*, 46, 1251-1271.
Hausman, J. A. and Taylor, W. E., 1981. Panel data and unobservable individual effects, *Econometrica*, 49, 1377-1398.
Head, K. and Ries, J., 2001. Overseas investment and firm exports, *Review of International*

Economics, 9, 108-122.
Helpman, E., 1984. A simple theory of international trade with multinational corporations, *Journal of Political Economy*, 92, 451-471.
Helpman, E., 1987. Imperfect competition and international trade: Evidence from fourteen industrial countries, *Journal of the Japanese and International Economics*, 1(1), 62-81.
Helpman, E., Melitz, M. J., and Yeaple, S. R., 2004. Export versus FDI with Heterogeneous Firms, *American Economic Review*, 94, 300-16.
Hettige, H., Martin, P., Singh, M., and Wheeler, D., 1995. The Industrial Pollution Projection System, *Policy Research Working Paper*, No. 1431, the World Bank.
Hill, H. and Athukorala, P. C., 1998. Foreign Investment in East Asia: A Survey, *Asia-Pacific Economic Literature*, 12(2), 23-50.
Hirose, K. and Yoshida, Y., 2012. Intra-National Regional Heterogeneity in International Trade: Foreign Growth on Exports and Production of Domestic Regions, *Kyushu Sangyo University Discussion Paper Series*, No. 54, 1-27.
Honma, S. and Yoshida, Y, 2012a. An account of pollution emission embodied in global trade: PGT1 and PGT2 Datebase, mimeo.
Honma, S., and Yoshida, Y., 2012b. An Empirical Investigation of the Balance of Embodied Emission in Trade: Industry Sturucture and Emission Abatement, *Kyushu Sangyo University Discussion Paper Series*, No. 57, 1-29.
Hummels, D., 2007. Transportation Costs and International Trade in the Second Era of Globalization, *Journal of Economic Perspectives*, 21, 3, 131-54.
Hummels, D., Ishii, J., and Yi, K.-M., 2001. The nature and growth and vertical specialization in world trade, *Journal of International Economics*, 54(1), 75-96.
Hummels, D. and Klenow, P. J., 2005. The Variety and Quality of a Nation's Exports, *American Economic Review*, 95, 704-23.
Hummels, D. and Levinsohn, J., 1995. Monopolistic competition and international trade: Reconsidering the evidence, *Quarterly Journal of Economics*, 110(3), 799-36.
Javorcik, B. S., 2004. Does foreign direct investment increase the productivity of domestic firms? In search of spillovers through backward linkages, *American Economic Review*, 94 (3), 605-627.
Jenkins, R., 2008. Measuring the competitive threat from China for other Southern Exporters, *The World Economy*, 31(10), 1351-1366.
Jones, R. W., 2000. *Globalization and the Theory of Input Trade*, Cambridge, the MIT Press.
Jordaan, J., 2008. Intra- and Inter-industry externalities from foreign direct investment in the Mexican manufacturing sector: New evidence from Mexican regions, *World Development*, 36(12), 2838-2854.
Kadiyali, V., 1997. Exchange rate pass-through for strategic pricing and advertising: An empirical analysis of the U.S. photographic film industry, *Journal of International Economics*, 43, 437-461.
Kamata, I. and Yang, N., 2007. Explaining Export Varieties: The Unexplored Role of Comparative Advantage, mimeo.

Kang, K. and K. D. Lee, 2013. The difference in regional trade margins and its deferminants: Evidence from Korea, *Journal of Korea Trade*, 17(4), 71-96.

Kawai, M., 2004. Trade and Investment Integration for Development in East Asia: A Case for the Trade-FDI Nexus (Mimeo: University of Tokyo).

Kawai, M. and Urata, S., 1998. Are Trade and Direct Foreign Investment Substitutes or Complements? An Empirical Analysis of Japanese Manufacturing Industries, in: Hiro Lee and D. W. Roland-Holst (Eds), *Economic Development and Cooperation in the Pacific Basin: Trade Investment, and Environmental Issues*, 251-293 (Cambridge, UK: Cambridge University Press).

Kimura, F., Takahashi, Y., and Hayakawa, K., 2007. Fragmentation and parts and components trade: Comparison between East Asia and Europe. *The North American Journal of Economics and Finance*, 18, 23-40.

Knetter, M. M., 1989. Price discrimination by U.S. and German exporters, *American Economic Review*, 79(1), 198-210.

Knetter, M. M., 1993. International comparisons of pricing to market behavior, *American Economic Review*, 83(3), 473-486.

Koopman, R., Powers, W., Wang, Z., and Wei, S.-J., 2011. Give credit to where credit is due: Tracing values added in global production chains, *HKIMR Working Paper*, No. 31.

Krugman, P., 1979. Increasing returns, monopolistic competition, and international trade, *Journal of International Economics*, 9(4),469-480.

Krugman, P., 1980. Scale Economies, Product Differentiation, and the Pattern of Trade, *American Economic Review*, 70, 950-59.

Krugman, P., 1987. Pricing to market when the exchange rate changes, In S. W. Arndt, and J. D. Richardson (Eds.), *Real-financial linkage among open economies*, Cambridge: MIT Press.

Krugman, P. and Elizondo, R. L., 1996. Trade policy and the third world metropolis, *Journal of Development Economics*, 49, 137-150.

Lancaster, K., 1980. Intra-industry trade under perfect monopolistic competition. *Journal of International Economics*, 10, 151-176.

Lee, C. H., 1994. Korea's Direct Foreign Investment in Southeast Asia, *ASEAN Economic Bulletin*, 10(3), 286-296.

Lee, H. and Roland-Holst, D., 1997. The environment and welfare implications of trade and tax policy, *Journal of Development Economics*, 52(1), 65-82.

Levinson, A., 2009. Technology, international trade, and pollution from US manufacturing, *American Economic Review*, 99(5), 2127-2192.

Levinson, A. and Taylor, M. S., 2008. Unmasking the pollution haven effect, *International Economic Review*, 49(1), 223-254.

Lin, A. L., 1996. Trade Effects of Foreign Direct Investment: Evidence for Taiwan with Four ASEAN Countries, *Weltwirtschaftliches Archiv*, 132(4), 737-747.

Lipsey, R. E., Molinari, L., and Kravis, I. B., 1991. Measures of prices and price competitiveness in international trade in manufactured goods, In P. Hooper, and J. D.

Richardson (Eds.), *International economic transactions: Issues in measurement and empirical research*.

Loertscher, R. and Wolter, F., 1980. Determinants of intra-industry trade: Among countries and across industries. *Weltwirtschaftliches Archiv*, 116(2), 289-293.

Lopez, R. A., 2005. Trade and growth: Reconciling the macroeconomic and microeconomic evidence, *Journal of Economic Surveys*, 19(4), 623-648.

MacDonald, J. M., 1994. Does import competition force efficient production?, *The Review of Economics and Statistics*, 76(4), 721-727.

Mallick, S., and Marques, H., 2008. Exchange rate transmission into industry-level export prices: A tale of two policy regimes in India, *IMF Staff Papers*, 55(1), 83-108.

Managi, S., Hibiki, A., Tsurumi, T., 2009. Does trade openness improve environmental quality?, *Journal of Environmental Economics and Management*, 58, 346-363.

Mani, M. and Wheeler, D., 1999. In search of pollution Havens? Dirty industry in the world economy, 1960-1995, in Per Fredriksson ed., *Trade, Global Policy, and the Environment*, World Bank, Washington DC.

Marjit, S. and Beladi, H., 2009. International and intra-national trade: A continuum approach, *The Japanese Economic Review*, 60(3), 320-332.

Markusen, J. R., 1984. Multinationals, multi-plant economies, and the gains from trade, *Journal of International Economics*, 31, 205-226.

Markusen, J. R. and Maskus, K. E., 2002. Discriminating among alternative theories of the multinational enterprise, *Review of International Economics*, 10(4), 694-707.

McCallum, J., 1995. National Borders Matter: Canada-US Regional Trade Patterns, *American Economic Review*, 85, 615-23.

Melitz, M. J., 2003. The Impact of Trade on Intra-industry Reallocations and Aggregate Industry Productivity, *Econometrica*, 71, 1695-725.

Motta, M. and Norman, G., 1996. Does economic integration cause foreign direct investment?, *International Economic Review*, 37(4), 757-783.

Muradian, R., O'Connor, M. and Martinez-Alier, J., 2002. Embodied pollution in trade: Estimating the 'environmental load displacement' of industrialized countries, *Ecological Economics*, 41, 51-67.

Murshed, S. M., 2001. Patterns of East Asian trade and intra-industry trade in manufactures. *Journal of the Asia Pacific Economy*, 6(1), 99-123.

Neary, J. P., 2002. Foreign direct investment and the single market, *The Manchester School*, 70(3), 291-314.

Pan, J., Phillips, J., and Chen, Y., 2008. China's balance of emissions embodied in trade: approaches to measurement and allocating international responsibility, *Oxford Review of Economic Policy*, 24(2), 354-376.

Parsons, C. R., and Sato, K., 2008. New estimates of exchange rate pass-through in Japanese exports, *International Journal of Finance and Economics*, 13, 174-183.

Peter, G. P., and Herwich, E. G., 2006. Pollution embodied in trade: The Norwegian case, *Global Environmental Change*, 16, 379-387.

Petri, P. A., 1992. Platforms in the Pacific: the Trade Effects of Direct Investment in Thailand, *Journal of Asian Economics*, 3(2), 173-196.

Petri, P. A., 1995. The interdependencies of trade and investment in the Pacific, in: E. K. Y. Chen and P. Drysdale (Eds) *Corporate links and foreign direct investment in Asia and the Pacific*, Westview Press.

Romalis, J., 2004. Factor Proportions and the Structure of Commodity Trade, *American Economic Review*, 94, 67-97.

Rosen, S., 1974. Hedonic prices and implicit markets: Product differentiation in pure competition, *Journal of Political Economy*, 82, 34-55.

Rossi-Hansberg, E., 2005. A spatial theory of trade, *American Economic Review*, 95(5), 1464-1491.

Singh, T., 2010. Does international trade cause economic growth? A survey, *The World Economy*, 33(11), 1517-1564.

Subramanian, A. and Wei, S.-J., 2007. The WTO promotes trade, strongly but unevenly, *Journal of International Economics*, 72, 151-175.

Szanyi, M., Iwasaki, I., Csizmadia, P., Illéssy, M., and Makó, C., 2010. Emergence and development of industry clusters in Hungary: Searching for a 'critical mass' of business via cluster mapping, *IER Discussion Paper Series*, No. A539, Hitotsubashi University.

Takagi, S., and Yoshida, Y., 2001. Exchange rate movements and tradable goods prices in East Asia: An analysis based on Japanese customs data, 1988-1999, *IMF Staff Papers*, 48(2), 266-289.

Takahashi, T., 2003. International trade and inefficiency in the location of production, *Journal of the Japanese and International Economies*, 17, 134-152.

Waugh, M. E., 2010. International trade and income differences, *American Economic Review*, 100(5), 2093-2124.

Wiedmann, T., 2009. A review of recent multi-region input-output models used for consumption-based emission and resource accounting, *Ecological Economics*, 69, 211-222.

Wolf, H. C., 2000. International Home Bias in Trade, *Review of Economics and Statistics*, 82, 555-63.

Yamawaki, H., 1991. Exports and foreign distributional activities: Evidence on Japanese firms in the United States, *Review of Economics and Statistics*, 73(2), 294-300.

Yeaple, S. R., 2003. The complex integration strategies of multinationals and cross country dependencies in the structure of foreign direct investment, *Journal of International Economics*, 60, 293-314.

Yilmazkuday, H., 2012. Understanding interstate trade patterns, *Journal of International Economics*, 86, 158-166.

Yoshida, Y., 2005, Foreign Direct Investment and Exchange Rate Pass-through: Export Pricing Behavior of Japanese Multinational Corporations, *Kyushu Sangyo University Discussion Paper Series*, No.20, 1-69.

Yoshida, Y., 2010. New Evidence for Exchange Rate Pass-through: Disaggregated Trade Data from Local Ports, *International Review of Economics and Finance*, 19, 3-12.

Yoshida, Y., 2011. An Empirical Examination of Export Variety: Regional Heterogeneity Within a Nation, *World Economy*,34(4), 602-622.

Yoshida, Y., 2013. Intra-Industry Trade, Fragmentation and Export Margins: An Empirical Examination of Sub-regional International Trade, *North American Journal of Economics and Finance*, 24(1), 125-138.

Yoshida, Y. and Ito, H., 2006. How do the Asian Economies Compete with Japan in the US Market, China Exceptional? A Triangular Trade Approach, *The Asia Pacific Business Review*, 12(3), 285-307.

Zhang, Q. and Felmingham, B., 2001. The relationship between inward direct foreign investment and China's provincial export trade, *China Economic Review*, 12, 82-89.

索 引

[欧文]

Arellano のワルド統計量　31
Armington タイプ　77
BEET (the balance of embodied emission in trade) →貿易に内在化された汚染収支
Bhargava-DW 統計量　31
Box-Cox 変換　115
Box-Cox Logistic 変換　115
CO (一酸化炭素)　129,138
Comtrade　3,129
DOTS (*Direction of Trade Statistics*)　3
dynamic panel data →動学的パネルデータ
EDGAR (the Emission Database for Global Atmospheric Research)　129,132
ERPT (exchange rate pass-through) →為替レートパススルー
FDI (foreign direct investment) →海外直接投資
FDI と貿易の対照表　42
fixed-effect model →固定効果モデル
fragmentation →フラグメンテーション
GMM (generalized moment method)　5
gravity モデル　6,19,55
Grubel-Lloyd 産業内貿易指数　6,102,107,110
Hausman 検定　5,89,116,138
Heckscher-Ohlin　6,9,45,104,107,133
HS (Harmonized Commodity Description Coding System)　2,29,128,153
HS 2　34,61
HS 2 桁分類による定義　68
HS 2 産業と SNA 産業の対照表　71
HS 4　34,159
HS 9　61,82,159
IFS (*International Financial Statistics*)　30,159
IPPS (*the Industrial Pollution Projection System*)　125,126
ISIC (International Standard Industrial Classification)　4,128
ITCS (*International Trade by Commodity Statistics*)　3,29,34
Krugman タイプ　77
logistic 変換　115
LSRE 均衡→長期安定地域輸出均衡
Melitz タイプ　77
Melitz モデル　8,73
multilateral resistance 項　7
NAFTA →北米自由貿易協定
NO_2 (二酸化窒素)　129,138
Penn World Table　129,132
perverse パススルー　162
PGT (pollution emission embodied in global trade)　128
PGT1　129,138
PGT2　132,140
Polity ダミー変数　146
Polity IV　136
PTM (pricing-to-market) →市場別価格設定
random-effect model →変量効果モデル
SITC (Standard International Trade Classification)　2
SNA (System of National Accounts)　4
　──産業分類　61
SO_2 (二酸化硫黄)　129,138
vertical specialization →垂直的特化
WDI (*World Development Indicator*)　63,114,137,149
WTO →世界貿易機関
WTO 紛争解決メカニズム　39

[ア行]

アイスバーグ型　51
アジア通貨危機　20
移管効果　66
異質性
　為替レートパススルーの――　155,157
　企業の生産性の――　74
　地域輸出における――　79
　2地域の――　49
汚染産業　135
　――のシェア　133
汚染逃避仮説　121,124,136,140
汚染排出係数　126,129

[カ行]

カーネル密度推定　164
海外進出企業総覧　34,43,110
海外直接投資　8,18,21,22,36
価格指数　54
拡張マージン　10,73,80,83,106
過剰なパススルー　162
為替レートパススルー　1,11,153
環境経済学　10
完全情報最尤法　60,63
企業内貿易　9,120
基準経済　80,91
逆U字型の汚染排出　146
競争効果　66
空間経済学　9
クリーン産業　135
クロスセクション分析　87
経済活動別県内総生産　61
経常収支　40
　――インバランス　41
県民経済計算年報　83,114
高所得国　144
国際金融　11
国際港別の貿易データベース　3,61,82,112,159
国際貿易費用　49,93
国際輸送費用　52

国勢調査　62,82,114
国内地域別産業内貿易　112
固定効果モデル　5,31,90,116,138

[サ行]

三カ国間貿易　17
　――アプローチ　7,8,28
産業間貿易　6
産業構成　122,124,142
産業構造　45
産業集積　46,47
産業内貿易　6,22,97
産業連関表　97,127,131
市場効果　66
市場シェア　154
市場別価格設定　153
修正済み汚染排出係数　132
集中マージン　10,80,83,106
熟練労働者　50
　――の国内シェア　56
所得グループ　149
新貿易理論　6,7,73
垂直的FDI　→垂直的海外直接投資
垂直的海外直接投資　24,38
垂直的産業内貿易　97,120
垂直的製品差別化　103,169
垂直的特化　9,97,108
水平的FDI　→水平的海外直接投資
水平的海外直接投資　25,38
数値解析による均衡　58
スピルオーバー　8
生産拠点　19
　――の移管　40,46
　――の海外移管　65
生産への間接効果　55
世界貿易機関　121

[タ行]

代替的　27
多重共線性　33,137
地域生産式　60
地域輸出　55

――関数 58
中間財 127
中国の主要貿易相手国 18
長期安定地域輸出均衡 57,67
直接投資 22
賃金関数 54
賃金構造基本統計調査 63
動学的パネルデータ 5
独占的競争企業 53
独占的競争モデル 76
特定化 30

[ナ行]

日本の主な輸出相手国 161
日本の主要5港の輸出シェア 161

[ハ行]

発展途上国グループ 144
パネルデータ分析 30,89
バラエティ 51,76,157
非熟練労働者 50
不完全なパススルー 153
部品貿易 97
フラグメンテーション 9,21,97,103
ヘドニック価格設定 169
変量効果モデル 5,90,116,138

貿易結合度指数 30
貿易シェア 20
貿易自由化 46,121
貿易収支 134
貿易に内在化された汚染 10,122
貿易に内在化された汚染収支 122,124,
  127,131,133
  ――の対所得比 135
貿易の利益 73
貿易摩擦問題 41
補完的 27
北米自由貿易協定 45,127,131

[マ行]

港の産業特化 168

[ヤ行]

輸出価格式 156
輸出価格設定行動 11
輸出拠点 37
  ――FDI 24,25,38
輸出単位価格 159
輸出バラエティ 86
輸出マージン推定式 86
輸入浸透度 26

【著者紹介】

吉田裕司（よしだ・ゆうじ）
　1968年生まれ。神戸大学経済学部卒業。大阪大学大学院経済学研究科単位取得退学。博士（経済学）大阪大学。九州産業大学経済学部講師・助教授・教授を経て、2012年より滋賀大学経済学部教授。

〈主要業績〉
Exchange Rate Movements and Tradable Goods Prices in East Asia: An Analysis Based on Japanese Customs Data, 1988-1999, 2001, *IMF Staff Papers*, Vol. 48, No. 2, p266-289, (共著 Shinji Takagi).

An Empirical Examination of Export Variety: Regional Heterogeneity within a Nation, 2011, *World Economy*, 34(4), 602-622.

"Stock Market Linkage between Asia and the US in Two Crises: Smooth-transition Correlation VAR-GARCH Approach," 2011, pp. 53-81, in Yin-Wong Cheung, Vakas Kakkar and Guonan Ma (eds.), *The Evolving Role of Asia in Global Finance*, Emerald Group Publishing Limited.

Algorithm Trading in Asian Currency FX Markets, 2014, in Greg N. Gregoriou and David Lee (eds.) *The Handbook of Asian Finance*, Elsevier, (共著 Masayuki Susai).

実証国際経済学

2014年6月16日　第1刷発行　　定価（本体4000円＋税）

著　者　　吉　田　裕　司
発行者　　栗　原　哲　也
発行所　　株式会社　日本経済評論社
〒101-0051　東京都千代田区神田神保町3-2
電話　03-3230-1661　FAX　03-3265-2993
E-mail：info8188@nikkeihyo.co.jp
URL：http://www.nikkeihyo.co.jp/

装幀＊渡辺美知子　　印刷＊藤原印刷・製本＊誠製本

乱丁落丁本はお取替えいたします。　　Printed in Japan
Ⓒ Yushi YOSHIDA 2014　　　　　　ISBN978-4-8188-2327-3

・本書の複製権・翻訳権・上映権・譲渡権・公衆送信権（送信可能化権を含む）は、㈱日本経済評論社が保有します。
・JCOPY〈(社)出版者著作権管理機構　委託出版物〉
本書の無断複写は著作権法上での例外を除き禁じられています。複写される場合は、そのつど事前に、(社)出版者著作権管理機構（電話 03-3513-6969、FAX 03-3513-6979、e-mail: info@jcopy.or.jp）の許諾を得てください。

若年者の雇用問題を考える
　　──就職支援・政策対応はどうあるべきか──
　　　　樋口美雄・財務省財務総合政策研究所編著　本体 4500 円

国際比較から見た日本の人材育成
　　──グローバル化に対応した高等教育・職業訓練とは──
　　　　樋口美雄・財務省財務総合政策研究所編著　本体 4500 円

グローバリゼーションと東アジア資本主義
　　　　郭洋春・關智一・立教大学経済学部編　本体 5400 円

余剰の政治経済学
　　　　　　　　　　　　　　沖公祐著　本体 3600 円

新生活運動と日本の戦後
　　──敗戦から1970年代──
　　　　　　　　　　　　　大門正克編著　本体 4200 円

現代国際通貨体制
　　　　　　　　　　　　　奥田宏司著　本体 5400 円

EU の規制力
　　　　　　　　　　　遠藤乾・鈴木一人編　本体 3600 円

越境するケア労働
　　──日本・アジア・アフリカ──
　　　　　　　　　　　　　　佐藤誠編　本体 4400 円

グローバル資本主義論
　　──日本経済の発展と衰退──
　　　　　　　　　　　　　飯田和人著　本体 3800 円

危機における市場経済
　　　　　　　　　　　　　飯田和人編著　本体 4700 円

新自由主義と戦後資本主義
　　──欧米における歴史的経験──
　　　　　　　　　　　　　権上康男編著　本体 5700 円

日本経済評論社